COLEÇÃO

INTELIGÊNCIA ARTIFICIAL

IMPACTOS E TRANSFORMAÇÕES

VOLUME 5

BURRICE HUMANA

VERSUS

INTELIGÊNCIA ARTIFICIAL

Prof. Marcão - Marcus Vinícius Pinto

Aviso de isenção de responsabilidade:

Observe que as informações contidas neste documento são apenas para fins educacionais e de entretenimento. Todos os esforços foram feitos para fornecer informações completas precisas, atualizadas e confiáveis. Nenhuma garantia de qualquer tipo é expressa ou implícita.

Ao ler este texto, o leitor concorda que, em nenhuma circunstância, os autores são responsáveis por quaisquer perdas, diretas ou indiretas, incorridas como resultado do uso das informações contidas neste livro, incluindo, mas não se limitando, a erros, omissões ou imprecisões.

ISBN: 9798344804781

Selo editorial: Independently published

Sumário

Prefácio

Nos últimos anos, a inteligência artificial (IA) tem transformado profundamente as estruturas sociais, econômicas e culturais em que estamos inseridos.

Apesar de suas inúmeras promessas, o avanço da IA também revela um campo minado de armadilhas cognitivas e limitações humanas que contrastam radicalmente com as capacidades dessas tecnologias.

Este livro, " Impactos e transformações - Volume 5 - Burrice Humana versus Inteligência Artificial", é uma exploração crítica e abrangente dos mais diversos tipos de erros de julgamento e falhas de raciocínio humanos, agora expostos e amplificados pela IA.

Parte da coleção "Inteligência Artificial: o poder dos dados", à venda na Amazon, este volume convida o leitor a uma reflexão profunda sobre como a interação entre a inteligência humana e a artificial molda o futuro das organizações, das decisões e da própria sociedade.

Este livro é uma leitura essencial para profissionais e estudiosos que buscam compreender não apenas o funcionamento técnico da inteligência artificial, mas também os impactos mais sutis e complexos que ela gera quando interage com as limitações cognitivas humanas.

Analistas de dados, cientistas de dados, engenheiros de machine learning, gestores de tecnologia, psicólogos organizacionais e especialistas em ética digital encontrarão aqui insights valiosos sobre como as falhas de raciocínio humano podem se manifestar e proliferar no contexto da IA.

Para esses profissionais, entender as "armadilhas da ignorância" é essencial para que possam desenvolver e implementar tecnologias de forma mais consciente, ética e eficaz.

Além disso, educadores e estudantes de IA e áreas correlatas serão beneficiados por uma abordagem que vai além dos aspectos técnicos.

Este livro proporciona uma visão crítica sobre a natureza das limitações humanas que permeiam o uso e o desenvolvimento de IA oferecendo uma perspectiva contextual e ética que é frequentemente negligenciada nos currículos acadêmicos focados na técnica.

Com uma linguagem acessível e professoral, o conteúdo é ideal tanto para aqueles que já estão imersos no campo quanto para leitores que desejam iniciar suas trajetórias no universo da IA com uma visão ampla e crítica.

"Burrice Humana versus Inteligência Artificial" está estruturado em capítulos que abordam os diferentes tipos de falhas cognitivas e de julgamento que ocorrem quando o ser humano interage com sistemas de IA.

Partindo da análise de erros clássicos, como o Efeito Dunning-Kruger e a burrice coletiva, o livro explora como a IA amplifica essas distorções, revelando que muitas vezes o problema não está na tecnologia em si, mas na maneira como a utilizamos.

Com base em estudos de casos reais e em pesquisas recentes, o livro mostra como a burrice tecnológica — a incapacidade de compreender ou adaptar-se de maneira crítica à tecnologia — pode levar a decisões errôneas e prejuízos significativos para indivíduos e organizações.

Além disso, discute a burrice moral, a dificuldade de julgar e agir eticamente em um contexto em que algoritmos muitas vezes se mostram moralmente neutros ou limitados.

Esses temas são contextualizados de forma que os leitores entendam as implicações práticas e éticas de cada tipo de erro humano.

Esse livro revela que, para tirar proveito real das inovações em IA, é indispensável também compreender e mitigar as formas de burrice humana que podem surgir ao longo do processo.

Por isso, "Burrice Humana versus Inteligência Artificial" não se limita a apresentar conceitos; ele oferece ao leitor uma verdadeira jornada de aprendizado e reflexão.

É um guia para quem deseja implementar a IA de maneira mais informada, responsável e sustentável, reconhecendo que a inteligência artificial é, ao mesmo tempo, um amplificador de nosso potencial e de nossas limitações.

"Burrice Humana versus Inteligência Artificial" é um convite à humildade intelectual e ao aprendizado contínuo — elementos que, mais do que a técnica, são fundamentais para a construção de um futuro em que a IA sirva verdadeiramente ao progresso humano.

Boa leitura!
Bons aprendizados!

Prof. Marcão - Marcus Vinícius Pinto

Mestre em Tecnologia da Informação
Especialista em Tecnologia da Informação.
Consultor, Mentor e Palestrante sobre Inteligência Artificial,
Arquitetura de Informação e Governança de Dados.
Fundador, CEO, professor e
orientador pedagógico da MVP Consult.

1 A Burrice humana em tempos de algoritmos: reflexões sobre o atrito cognitivo e a inteligência artificial.

A inteligência artificial (IA) tem avançado a passos largos, revolucionando o modo como trabalhamos, nos comunicamos e até mesmo pensamos. Mas, em contraste, o conceito de "burrice humana" – ou apenas "burrice", no contexto deste livro – parece permanecer como um termo pejorativo, limitado a uma visão simplista das capacidades intelectuais.

> *O termo "burrice", com sua carga negativa e desdenhosa, muitas vezes é empregado para descrever a falta de raciocínio lógico ou de bom senso.*

Porém, ao contrastá-lo com a crescente eficiência da IA, podemos começar a explorar o que realmente significa ser humano em um mundo onde as máquinas demonstram uma precisão cada vez maior.

Esta reflexão não visa apenas criticar a nossa espécie, mas instigar uma análise crítica sobre o que nos torna essencialmente humanos, mesmo quando confrontados com nossa própria limitação diante de uma inteligência artificial em constante aperfeiçoamento.

1.1 Burrice e o atrito cognitivo.

A mente humana é um labirinto de complexidades. Diferente da IA, que executa tarefas baseadas em algoritmos cuidadosamente programados, os humanos são constantemente influenciados por emoções, preconceitos e limitações cognitivas que, por vezes, resultam em erros de julgamento.

Esse "atrito cognitivo", por mais paradoxal que possa parecer, é parte da nossa essência, pois é através dos erros que aprendemos e evoluímos.

Um exemplo clássico da "burrice" humana, no contexto das inteligências, pode ser encontrado na obra de Daniel Kahneman, Thinking, Fast and Slow (2012).

Kahneman descreve como o cérebro humano alterna entre um "sistema 1", que age de forma rápida e intuitiva, e um "sistema 2", que opera mais lentamente e de modo analítico.

No entanto, essa dualidade muitas vezes nos leva a falhas de julgamento, pois o "sistema 1" tende a ser dominado por heurísticas e preconceitos, criando o que Kahneman chama de "ilusão de validade".

A partir disso, podemos argumentar que a burrice, em certo nível, é intrínseca à nossa condição humana, marcada por uma complexidade de fatores emocionais e cognitivos que as máquinas simplesmente não experimentam.

1.2   IA e a Supremacia da Lógica.

Enquanto o ser humano tropeça em seus próprios vieses cognitivos, a IA opera em um nível completamente distinto.

Ela segue algoritmos de maneira fria e calculada, livre das armadilhas emocionais que afligem o pensamento humano. Um exemplo notório é o sistema de IA utilizado pela IBM Watson.

Em um episódio célebre, Watson derrotou os maiores campeões do jogo Jeopardy! demonstrando uma capacidade de processar informações e formular respostas em tempo recorde, algo que os seres humanos, com seu processamento cognitivo limitado, dificilmente poderiam fazer.

Mas, seria correto afirmar que a IA é "inteligente" em um sentido humano? Ela não pensa, não sente e, principalmente, não erra como nós.

Ao seguir algoritmos que garantem sua eficiência, a IA se afasta de uma das características mais fundamentais da cognição humana: a falibilidade.

No entanto, é justamente essa imperfeição que nos permite inovar. Quando cometemos erros, abrimos portas para novas possibilidades, aprendemos com nossas falhas e somos, paradoxalmente, capazes de construir soluções criativas que a IA, programada para seguir parâmetros rígidos, não é capaz de conceber.

1.3   O atrito entre burrice e IA no ambiente de trabalho.

Um exemplo prático dessa tensão pode ser observado no mundo corporativo, onde a automação e a IA estão transformando o ambiente de trabalho.

Ferramentas de IA, como a assistente virtual Alexa, a plataforma de aprendizagem profunda do Google ou o já mencionado Watson da IBM, são usadas para executar tarefas que antes eram realizadas por humanos.

Essas máquinas estão cada vez mais precisas, rápidas e eficientes. E, por consequência, erros humanos – como um erro de cálculo ou uma decisão mal-informada – são frequentemente vistos como "burrice" em um ambiente onde a IA já é capaz de fornecer respostas e soluções corretas instantaneamente.

No entanto, a implementação da IA também revela a importância da intervenção humana. Um exemplo significativo ocorreu no sistema de reconhecimento facial da IA da Amazon, que apresentou taxas de erro preocupantes ao tentar identificar pessoas de cor.

O sistema foi duramente criticado por suas falhas e, nesse ponto, a "burrice" da IA se evidenciou. Este episódio reforça a noção de que a burrice Humana, quando presente em sistemas artificiais, pode ser potencialmente catastrófica, exigindo a intervenção e correção humanas.

1.4 Dicas práticas para navegar entre a burrice humana e a inteligência artificial.

Neste novo cenário em que humanos e máquinas coexistem, é essencial aprender a navegar pelo equilíbrio entre a nossa falibilidade e a precisão da IA.

Algumas dicas práticas podem auxiliar neste processo:

1. Abrace o erro humano como parte do processo de inovação. Em vez de temer o erro, entenda-o como uma oportunidade de aprendizado. Muitas invenções, como o micro-ondas e o teflon, surgiram de erros humanos que foram, subsequentemente, adaptados para criar novas tecnologias.

2. Integração humana e IA nas decisões. Utilize a IA para complementar, e não substituir, as capacidades humanas. Em vez de confiar cegamente em algoritmos, integre o raciocínio humano na análise das recomendações fornecidas pela IA. Isso se aplica especialmente em áreas que requerem discernimento ético, como medicina e justiça.

3. Burrice continuada. Busque formação contínua para entender melhor as limitações tanto da mente humana quanto da IA. Livros como o de Kahneman e as publicações de especialistas em IA podem fornecer insights valiosos para essa compreensão.

A convivência entre humanos e máquinas exige que abandonemos visões simplistas de "burrice" e "inteligência", reconhecendo as nuances e complexidades de cada lado.

Afinal, embora as máquinas possam processar dados a uma velocidade inigualável, somente os humanos possuem a capacidade de refletir criticamente sobre o impacto ético de suas decisões.

2   A diversidade da burrice: um espectro de possibilidades.

A noção de "burrice", embora carregada de conotações pejorativas, pode ser reinterpretada sob a ótica das ciências cognitivas como um conceito que engloba um espectro diversificado de capacidades intelectuais, comportamentais e sociais.

Ao abordarmos o tema da burrice de maneira mais matizada, nos afastamos da visão simplista de que "burrice" é apenas a ausência de inteligência ou a incapacidade de raciocinar logicamente.

2.1   Diferentes tipos e causas de burrice humana.

A burrice é uma condição complexa, com diversas causas e manifestações. Ao contrário da ideia simplificada de uma inteligência única e linear, a ciência tem nos mostrado que as capacidades cognitivas são multifacetadas, variando amplamente entre os indivíduos.

Howard Gardner, em seu livro Multiple Intelligences: New Horizons in Theory and Practice s (2006), propôs uma visão revolucionária da cognição, argumentando que a inteligência não pode ser medida apenas pelo QI ou pelas habilidades matemáticas e verbais. Gardner identificou múltiplas inteligências, como a espacial, musical, interpessoal e intrapessoal, que devem ser reconhecidas como diferentes formas de "saber" e "entender" o mundo.

Dentro desse espectro de inteligências, a imparidade cognitiva pode se manifestar de maneiras diversas.

A imparidade cognitiva inclui a burrice, em análise neste livro, que é, a incapacidade de aprender e evoluir por opção pessoal, por limites sociais, contaminação pelas redes sociais ou a opção por ser um leigo que pensa que tudo sabe.

Fatores sociais, como a falta de acesso à educação de qualidade, também podem influenciar o desenvolvimento cognitivo, demonstrando que a "burrice" não é um destino predeterminado, mas sim uma construção que pode ser influenciada por uma multiplicidade de fatores.

Entre os transtornos mais comuns da imparidade cognitiva estão a dislexia, a discalculia, o transtorno do déficit de atenção com hiperatividade (TDAH), o transtorno do espectro autista (TEA) e as deficiências intelectuais.

Cada uma dessas condições apresenta desafios específicos, mas também revela diferentes formas de adaptação e capacidade de superação.

Enfatizo que a denominação burrice aqui tratada não faz nenhuma relação com os transtornos listados anteriormente.

Por exemplo, indivíduos com dislexia, que enfrentam dificuldades na leitura e escrita, muitas vezes possuem habilidades superiores em áreas como o pensamento criativo ou a resolução de problemas, como foi o caso do empresário britânico Richard Branson, fundador do Grupo Virgin, que é disléxico e transformou suas supostas "limitações" em vantagens competitivas.

As causas da imparidade cognitiva são igualmente diversas. Elas podem ser resultado de fatores genéticos, como no caso da Síndrome de Down, que afeta o desenvolvimento intelectual e as capacidades motoras, ou de fatores ambientais, como traumas durante o parto ou lesões cerebrais.

2.2   O Impacto da burrice humana na vida das pessoas.

A burrice não afeta apenas a capacidade de raciocínio de um indivíduo, mas também sua interação com o mundo ao seu redor.

O impacto social da "burrice" é frequentemente devastador, em grande parte devido ao estigma e à exclusão que ainda persistem em muitas sociedades.

Pessoas com deficiências cognitivas são frequentemente vistas como incapazes, quando, na verdade, possuem habilidades que, se devidamente compreendidas e apoiadas, poderiam contribuir significativamente para a sociedade.

Um exemplo que ilustra esse impacto é a história de Temple Grandin, uma mulher autista que superou inúmeras barreiras sociais e cognitivas para se tornar uma das maiores especialistas em bem-estar animal no mundo.

Grandin descreve, em sua autobiografia Thinking in Pictures (2006), como o autismo lhe deu uma forma única de perceber o mundo, o que a permitiu desenvolver sistemas inovadores de manejo de gado. Sua história revela o potencial oculto nas pessoas que, muitas vezes, são rotuladas como "burras" ou "incapazes".

No entanto, o impacto negativo da exclusão social é evidente. Muitas pessoas com imparidades cognitivas enfrentam dificuldades no acesso à educação, ao emprego e até mesmo a relacionamentos sociais significativos.

A Organização Mundial da Saúde (OMS) estima que, globalmente, cerca de 1 bilhão de pessoas vivem com algum tipo de deficiência, muitas das quais têm impedimentos cognitivos.

Sem o apoio adequado, essas pessoas ficam confinadas a papéis marginalizados, o que amplifica as dificuldades que já enfrentam em suas vidas cotidianas.

O mercado de trabalho, por exemplo, ainda apresenta enormes barreiras para a inclusão de pessoas com imparidades cognitivas. Muitas empresas resistem a contratar pessoas com essas condições, seja por preconceito ou por uma falta de entendimento sobre como adaptar o ambiente de trabalho.

Entretanto, iniciativas como o programa Autism at Work, implementado pela Microsoft e SAP, têm demonstrado que pessoas com autismo ou outras deficiências cognitivas podem desempenhar papéis fundamentais em ambientes de alta tecnologia, trazendo um olhar criativo e atento ao detalhe que muitas vezes é negligenciado por profissionais neurotípicos.

2.3 A importância da individualidade e da diversidade na abordagem da imparidade cognitiva.

Um dos maiores desafios ao lidar com imparidades cognitivas é superar a tendência de estereotipar ou homogeneizar as experiências dessas pessoas.

A ideia de "burrice" parte do princípio equivocado de que todos devem se conformar a um padrão único de inteligência ou cognição, quando, na verdade, a diversidade é a base da complexidade e da riqueza da experiência humana.

Gardner, em sua teoria das inteligências múltiplas, argumenta que todos nós possuímos uma combinação única de habilidades cognitivas, e essa diversidade deve ser celebrada e apoiada, não reprimida.

A educação inclusiva, por exemplo, tem se mostrado uma ferramenta poderosa na promoção da individualidade e da diversidade. Escolas que adotam uma abordagem inclusiva permitem que alunos com diferentes tipos de burrice aprendam em conjunto com seus colegas neurotípicos, desenvolvendo habilidades sociais e cognitivas de maneira integrada.

Esse modelo tem sido adotado em diversos países, com resultados positivos tanto para alunos com deficiências quanto para os demais.

A individualidade também deve ser valorizada no contexto terapêutico. Terapias baseadas na neurodiversidade, por exemplo, buscam reconhecer que condições como o autismo e o TDAH não são "deficiências" no sentido clássico, mas sim variações naturais da cognição humana.

A psicóloga Judy Singer, uma das pioneiras do movimento da neurodiversidade, argumenta que devemos nos afastar do modelo médico que vê a burrice Humana como uma "doença" a ser tratada, e abraçar a ideia de que a diversidade cognitiva enriquece a sociedade.

Esse enfoque na individualidade e na diversidade deve ser estendido a todos os âmbitos da vida. No ambiente de trabalho, por exemplo, isso significa criar políticas de inclusão que reconheçam as necessidades e habilidades únicas de cada funcionário.

Na sociedade em geral, isso implica em promover uma cultura que valorize a diversidade em todas as suas formas, reconhecendo que o que muitas vezes é visto como "burrice" pode, na verdade, ser uma manifestação de um modo de pensar diferente, mas igualmente valioso.

2.4   Conclusão.

A diversidade da burrice nos desafia a repensar conceitos tradicionais de inteligência e capacidade. Em um mundo onde a uniformidade intelectual é frequentemente exaltada, é essencial reconhecer que a "burrice" não é um indicador de falta de valor ou potencial.

Pelo contrário, ela faz parte de um espectro de possibilidades que reflete o vasto espectro da experiência humana.

3 Fundamentos filosóficos e psicanalíticos da burrice humana.

A compreensão da mente humana, suas capacidades, limitações e manifestações, sempre foi um dos temas centrais da filosofia e da psicanálise.

Desde os primórdios do pensamento ocidental, filósofos se dedicaram a investigar a natureza da mente, suas relações com o corpo e os impactos das emoções e da identidade sobre a cognição. De maneira complementar, a psicanálise, especialmente através das obras de Sigmund Freud, Carl Jung e Jacques Lacan, procurou desvendar os mistérios do inconsciente e seu papel na formação da personalidade e nas dificuldades cognitivas.

3.1 Perspectivas filosóficas sobre a mente e a cognição.

A filosofia, ao longo dos séculos, ofereceu uma multiplicidade de teorias sobre a mente humana e suas capacidades. Um dos debates centrais da filosofia da mente é o problema mente-corpo, que busca compreender a relação entre processos mentais (como o pensamento e as emoções) e processos físicos (como a atividade cerebral e corporal).

René Descartes, no século XVII, foi um dos primeiros a propor uma visão dualista da mente e do corpo, argumentando que a mente, ou alma, era uma substância imaterial separada do corpo físico. Sua famosa máxima "Cogito, ergo sum" ("Penso, logo existo") ressaltava a primazia do pensamento como prova da existência humana.

No entanto, essa dicotomia entre mente e corpo enfrentou críticas no decorrer dos séculos, com muitos filósofos argumentando que o pensamento e a cognição não podem ser isolados das emoções e das condições físicas do ser humano.

Já no século XX, o filósofo Gilbert Ryle ofereceu uma crítica contundente ao dualismo cartesiano em sua obra The Concept of Mind (2009).

Ryle rejeitava a ideia de que a mente era uma entidade separada do corpo e descreveu o dualismo de Descartes como "o erro da máquina fantasma", argumentando que a mente não poderia ser dissociada das práticas e comportamentos humanos.

Essa visão holística da mente e da cognição pavimentou o caminho para a compreensão moderna de que a burrice Humana, em suas várias formas, não pode ser isolada do contexto emocional e social em que o indivíduo vive.

A cognição, portanto, deve ser vista como um processo integrado que envolve não apenas a capacidade intelectual, mas também as relações interpessoais, as emoções e a identidade.

Outro filósofo contemporâneo, Maurice Merleau-Ponty, trouxe uma contribuição fundamental à compreensão da cognição a partir de uma perspectiva fenomenológica.

Em sua obra The World of Perception (1945), Merleau-Ponty argumentou que a mente e o corpo são inseparáveis na experiência humana. Para ele, a cognição não é algo que ocorre em uma esfera isolada da realidade física e social, mas está profundamente enraizada nas nossas interações corporais com o mundo.

Esta perspectiva é crucial para a compreensão da burrice Humana, pois sugere que as limitações cognitivas são também experienciadas no corpo e nas interações do indivíduo com o ambiente.

A fenomenologia nos ajuda a entender que cada pessoa vivencia sua cognição de maneira única, e que os desafios impostos por imparidades cognitivas são subjetivos e contextualizados.

3.2   A psicanálise e a formação da personalidade.

Enquanto a filosofia se dedica a explorar a mente humana de um ponto de vista teórico e existencial, a psicanálise oferece uma abordagem prática e clínica para compreender as profundezas do inconsciente e o desenvolvimento da personalidade.

Sigmund Freud, em seus escritos, propôs que a mente humana é composta por três estruturas principais: o id, o ego e o superego. Essas instâncias psíquicas interagem de maneiras complexas, moldando a personalidade e o comportamento do indivíduo.

Freud argumentava que o id, a parte instintiva e impulsiva da mente, busca a gratificação imediata de desejos e impulsos. O ego, por sua vez, funciona como um mediador entre os impulsos do id e as exigências da realidade, utilizando-se de mecanismos de defesa para lidar com as frustrações e os desafios do cotidiano.

Já o superego representa as normas e valores internalizados, adquiridos através das relações sociais e da educação. Dentro dessa estrutura psíquica, Freud via a cognição como um produto dessas interações, em constante negociação entre os impulsos inconscientes e as demandas racionais.

A psicanálise também oferece uma explicação para as formas como as pessoas impactadas pela burrice podem experienciar dificuldades no desenvolvimento da personalidade. Freud, em seus estudos sobre os mecanismos de defesa, identificou processos inconscientes que o ego utiliza para lidar com tensões psíquicas.

Entre os mais conhecidos estão a repressão, a negação e a projeção. Esses mecanismos podem ser exacerbados em pessoas com déficits cognitivos, que, ao enfrentar limitações de raciocínio ou compreensão, desenvolvem mecanismos inconscientes para lidar com as frustrações e os desafios que surgem de sua condição.

Por exemplo, a negação pode ser um mecanismo utilizado por pessoas com deficiências cognitivas para evitar o reconhecimento de suas limitações, criando barreiras adicionais à adaptação e ao desenvolvimento social.

Carl Jung, discípulo de Freud, também contribuiu para o entendimento da psique humana, propondo o conceito de "inconsciente coletivo".

Para Jung, além do inconsciente pessoal de cada indivíduo, haveria um conjunto de arquétipos e símbolos compartilhados por toda a humanidade, influenciando nossos pensamentos e comportamentos.

Jung acreditava que, para compreender plenamente o indivíduo, incluindo aqueles com imparidades cognitivas, era necessário explorar esses arquétipos inconscientes.

Na psicanálise junguiana, os déficits cognitivos não são vistos apenas como falhas ou limitações, mas como oportunidades para revelar aspectos profundos do inconsciente e da psique que podem oferecer caminhos alternativos de desenvolvimento e adaptação.

3.3   A burrice e os mecanismos de defesa.

Os mecanismos de defesa identificados por Freud são centrais para entender como os indivíduos, especialmente aqueles com imparidades cognitivas, lidam com os desafios emocionais e sociais de sua condição.

O processo de adaptação a uma realidade que frequentemente marginaliza ou estigmatiza pessoas com déficits cognitivos pode levar à adoção de estratégias psíquicas para proteger o ego dessas tensões.

A repressão, um dos mecanismos de defesa mais frequentes, pode ocorrer quando o indivíduo com burrice Humana reprime seus sentimentos de inadequação ou vergonha, evitando lidar com a realidade de suas limitações.

Outro mecanismo comum é a projeção, onde o indivíduo atribui a outros suas próprias dificuldades ou falhas cognitivas. Por exemplo, uma pessoa que enfrenta dificuldades de aprendizagem pode projetar seus sentimentos de frustração ou incompetência em outras pessoas, acusando-as de "não entender" ou de "serem confusas".

Esses mecanismos, embora úteis a curto prazo, podem dificultar o processo de aceitação e adaptação, levando a um ciclo de isolamento emocional.

Jacques Lacan, um dos mais influentes psicanalistas da segunda metade do século XX, trouxe uma compreensão renovada dos mecanismos de defesa e do papel da linguagem no desenvolvimento cognitivo.

Para Lacan, a identidade e o desenvolvimento psíquico estão profundamente enraizados no processo de simbolização, ou seja, na capacidade de utilizar a linguagem para dar sentido ao mundo.

A relação entre linguagem e cognição é fundamental para Lacan, e ele argumentava que a forma como nos vemos e como experimentamos o mundo está diretamente ligada à maneira como utilizamos e compreendemos os símbolos, especialmente as palavras.

No caso de pessoas com imparidades cognitivas, essa relação pode ser particularmente complexa, uma vez que a dificuldade em compreender ou utilizar a linguagem de maneira tradicional pode impactar diretamente a formação da identidade e a interação social.

3.4   burrice, identidade e emoção.

A abordagem filosófica e psicanalítica sobre a burrice nos revela que a cognição está profundamente entrelaçada com a identidade e a emoção.

Cada indivíduo, ao longo de sua vida, constrói uma identidade baseada em suas experiências cognitivas e emocionais, bem como em suas interações sociais.

As pessoas com manifestações de burrice, apesar dos desafios, também constroem identidades ricas e complexas, muitas vezes se adaptando a realidades emocionais e cognitivas de formas que aqueles sem déficits raramente compreendem.

A emoção desempenha um papel central no desenvolvimento cognitivo, conforme explorado por autores como Antonio Damasio, neurocientista e filósofo contemporâneo, em seu livro Descartes' Error: Emotion, Reason, and the Human Brain (2005).

Damasio argumenta que as emoções são fundamentais para a cognição e a tomada de decisões, contrariando a noção cartesiana de que a razão é separada da emoção.

Essa visão nos ajuda a entender que as pessoas com imparidades cognitivas não são meramente "deficientes" em termos de raciocínio lógico, mas experienciam o mundo através de uma complexa interação entre emoção, identidade e cognição.

Assim, ao explorar a burrice sob a lente da filosofia e da psicanálise, percebemos que ela não é simplesmente uma questão de "falta de inteligência", mas uma manifestação diversificada de como a mente humana se desenvolve, se adapta e lida com as realidades emocionais e sociais.

Cada indivíduo, com ou sem déficits cognitivos, traz consigo um universo único de experiências e potencialidades que, quando compreendidos em sua profundidade, enriquecem nossa visão da condição humana.

4 A mente humana através dos olhares da filosofia.

Ao longo dos séculos, a mente humana tem sido um dos temas mais fascinantes e desafiadores para a filosofia.

Desde os antigos filósofos gregos até os pensadores contemporâneos, a busca por entender a natureza da cognição, da consciência e da experiência individual tem gerado uma vasta gama de teorias e reflexões que não apenas moldaram o pensamento ocidental, mas também influenciaram campos como a psicologia, a neurociência e a psicanálise.

4.1 Perspectivas clássicas sobre a mente e a cognição.

A filosofia da mente começa, em grande parte, com a tradição grega. Platão e Aristóteles ofereceram as primeiras contribuições sistemáticas sobre a natureza da cognição e da alma.

Platão, em seu famoso Mito da Caverna, descreveu a mente como algo que busca a verdade além das aparências sensoriais. Para ele, a cognição verdadeira não se limitava ao mundo material, mas estava relacionada ao mundo das Ideias, onde as essências das coisas residem.

A mente humana, segundo Platão, é capaz de alcançar a verdade através da razão, mas é frequentemente enganada pelas percepções sensoriais.

Aristóteles, por outro lado, ofereceu uma visão mais empírica da mente. Em sua obra De Anima (Sobre a Alma), ele propôs que a cognição surge das interações entre o corpo e o mundo exterior, rejeitando a dualidade platônica que separa o mundo sensorial do mundo das ideias.

Aristóteles argumentava que a mente, ou alma racional, estava profundamente ligada às capacidades sensoriais do corpo. Suas ideias formaram a base de muitas teorias posteriores sobre a cognição, influenciando pensadores medievais como Tomás de Aquino, que fundiu a filosofia aristotélica com o pensamento cristão.

No entanto, foi com René Descartes, no século XVII, que a filosofia da mente deu um salto significativo. Descartes é amplamente conhecido por sua frase "Cogito, ergo sum" ("Penso, logo existo"), que expressa a convicção de que a capacidade de pensar é a prova fundamental da existência.

Para Descartes, a mente e o corpo eram entidades distintas, dando origem ao que chamamos de dualismo cartesiano. Segundo ele, a mente era imaterial e responsável pelo pensamento e pela consciência, enquanto o corpo operava de forma mecânica no mundo físico.

Essa separação mente-corpo foi influente, mas também criticada nos séculos subsequentes por filósofos como Spinoza, que via mente e corpo como duas expressões de uma mesma substância, e por Ryle, que considerava o dualismo cartesiano uma simplificação excessiva da complexidade da cognição.

4.2   O Papel da consciência, da linguagem e da emoção no processo cognitivo.

A questão da consciência — ou seja, o que significa ser consciente de si mesmo e do mundo — tem sido central nas discussões filosóficas sobre a mente. A consciência não é apenas a capacidade de perceber, mas também de refletir sobre o próprio pensamento.

Immanuel Kant, em sua Critique of Pure Reason, propôs que a consciência e a cognição dependem de um conjunto de estruturas a priori que moldam nossa percepção do mundo. Para Kant, a mente humana é ativa na construção do conhecimento, e não uma receptora passiva de estímulos.

Nossas experiências são estruturadas por categorias universais, como espaço e tempo, que são condições necessárias para qualquer tipo de cognição.

O papel da linguagem no processo cognitivo também recebeu grande atenção no pensamento filosófico. Ludwig Wittgenstein, um dos filósofos mais influentes do século XX, revolucionou a filosofia da linguagem ao argumentar que o significado das palavras está em seu uso nas formas de vida.

Em suas Investigações Filosóficas, Wittgenstein mostrou que a linguagem não apenas descreve a realidade, mas também molda a maneira como a compreendemos.

Assim, o pensamento humano é inseparável da linguagem: pensar é, em muitos casos, uma forma de usar a linguagem internamente. Isso tem implicações profundas para a cognição, pois sugere que a maneira como organizamos e entendemos o mundo depende em grande parte de como estruturamos e usamos a linguagem.

A emoção, por muito tempo negligenciada nos debates filosóficos sobre a mente, também passou a ser reconhecida como um componente essencial da cognição.

William James, no final do século XIX, propôs a teoria de que as emoções são uma resposta física aos estímulos externos, influenciando diretamente nossas decisões e percepções.

No entanto, filósofos como Martha Nussbaum, em seu livro Upheavals of Thought: The Intelligence of Emotions (2001), argumentam que as emoções não são apenas reações corporais, mas têm um caráter cognitivo.

Nussbaum sustenta que as emoções são respostas inteligentes e avaliativas ao mundo, envolvendo julgamentos e avaliações de valor. Isso nos leva a entender que a cognição humana não pode ser separada das emoções — nossas decisões, pensamentos e percepções são profundamente moldados por como nos sentimos em relação ao mundo ao nosso redor.

4.3   Reflexões filosóficas sobre a natureza da realidade e a experiência individual.

A relação entre a mente e a realidade é outro tema central na filosofia. Desde os diálogos de Platão, os filósofos têm se questionado sobre até que ponto podemos confiar em nossas percepções sensoriais para conhecer a realidade.

Platão acreditava que o mundo sensorial era ilusório e que apenas o mundo das ideias, acessível pela razão, oferecia uma visão verdadeira do que é real. Já Aristóteles, como mencionado, via na experiência sensorial a base para a compreensão da realidade.

No século XVIII, o filósofo britânico David Hume questionou profundamente a nossa capacidade de conhecer a realidade de maneira objetiva. Para Hume, todo o conhecimento deriva da experiência sensorial, e nossa mente organiza essas experiências em padrões, mas sem garantia de que esses padrões correspondem à realidade externa.

Ele argumentava que o que chamamos de "causalidade", por exemplo, é apenas o hábito mental de associar eventos consecutivos, e não uma verdade sobre o mundo.

Suas ideias lançaram as bases do empirismo radical, influenciando gerações posteriores de filósofos, como Kant, que buscou conciliar a visão empirista de Hume com a noção de que a mente humana traz estruturas inatas para a compreensão do mundo.

A experiência individual da realidade também está no centro da fenomenologia, uma corrente filosófica inaugurada por Edmund Husserl no início do século XX. Husserl argumentava que a filosofia deveria se concentrar na "volta às coisas mesmas", ou seja, no estudo da experiência como ela é vivida pela consciência.

A fenomenologia propõe que a realidade é sempre experienciada de maneira subjetiva, e não podemos separar o "mundo exterior" da maneira como o percebemos.

Para Husserl e seus sucessores, como Martin Heidegger e Merleau-Ponty, a cognição humana está enraizada na nossa existência no mundo e nas relações que estabelecemos com ele através de nosso corpo e nossas interações.

Esse foco na subjetividade foi expandido por Heidegger, que em sua obra Ser e Tempo (1927) desenvolveu a ideia de que a experiência humana é fundamentalmente temporal e finita. A cognição não é um processo abstrato, mas está sempre enraizada em um contexto temporal, histórico e cultural.

A partir dessa visão, a experiência individual e a realidade não podem ser separadas. A mente humana constrói a realidade com base em suas experiências e reflexões, e cada indivíduo vive essa construção de maneira única.

A filosofia da mente oferece um vasto campo de reflexão sobre as capacidades, limitações e experiências da cognição humana.

Desde os diálogos de Platão até as investigações fenomenológicas de Husserl e Heidegger, a mente é vista não apenas como uma entidade separada que processa informações, mas como algo profundamente enraizado nas emoções, na linguagem e na nossa experiência subjetiva do mundo.

Ao refletir sobre o papel da consciência, da linguagem e da emoção no processo cognitivo, e ao questionar a própria natureza da realidade, a filosofia nos convida a explorar as camadas mais profundas da experiência humana e a reconhecer a complexidade da mente como parte integral de nossa existência no mundo.

5 Psicanálise e a burrice humana: desvendando os mecanismos da mente.

A psicanálise, fundada por Sigmund Freud no final do século XIX, trouxe à luz uma nova forma de compreender a mente humana, particularmente em suas dimensões inconscientes e não racionais.

Ao investigar os desejos ocultos, os traumas e os conflitos que operam além da nossa consciência, Freud e seus seguidores forneceram uma base teórica que permitiu desvendar os mecanismos profundos que governam o comportamento e a formação da personalidade.

Quando aplicada ao estudo da burrice Humana, a psicanálise oferece ferramentas valiosas para compreender não apenas os aspectos conscientes das limitações cognitivas, mas também como esses déficits interagem com o inconsciente, afetando a identidade e a experiência emocional do indivíduo.

5.1 O desenvolvimento psicanalítico e suas teorias sobre a mente humana.

A psicanálise desenvolveu-se inicialmente com o objetivo de tratar pacientes que sofriam de distúrbios mentais, como histeria e neuroses, mas rapidamente evoluiu para se tornar uma teoria abrangente sobre o funcionamento da mente humana.

Freud introduziu a noção de que a mente é composta por três estruturas fundamentais: o id, o ego e o superego.

O id representa os impulsos instintivos e inconscientes que buscam gratificação imediata; o ego é a parte consciente da mente que lida com a realidade e tenta mediar os desejos do id com as demandas do ambiente; e o superego incorpora as normas sociais e morais internalizadas, agindo como um regulador da conduta.

No contexto da burrice Humana, essas três instâncias psíquicas podem operar de maneiras distintas. Pessoas com deficiências cognitivas podem enfrentar dificuldades na regulação dos impulsos do id e nas exigências da realidade externa que o ego precisa administrar.

Por exemplo, crianças com transtornos do espectro autista muitas vezes apresentam desafios em lidar com estímulos sociais e emocionais, o que pode ser interpretado como uma disfunção na mediação entre o id e o ego.

Além disso, as normas internalizadas pelo superego podem ser menos acessíveis ou compreendidas, o que pode gerar conflitos internos e dificuldades na adaptação social.

Carl Jung, discípulo de Freud que eventualmente seguiu uma linha independente, também contribuiu para o entendimento da mente através de seu conceito de inconsciente coletivo.

Jung sugeriu que a psique humana contém não apenas elementos individuais inconscientes, mas também estruturas arquetípicas compartilhadas por toda a humanidade.

Essas estruturas influenciam a maneira como experimentamos o mundo, inclusive no contexto das limitações cognitivas, onde o indivíduo pode ter dificuldades em acessar ou integrar esses arquétipos de maneira eficaz.

5.2   A Formação da personalidade, o inconsciente e os mecanismos de defesa.

A formação da personalidade, segundo a psicanálise, ocorre através de uma complexa interação entre as forças inconscientes e conscientes.

O desenvolvimento infantil é um período crítico para essa formação, e Freud argumentava que a maneira como uma criança lida com suas primeiras experiências de frustração, desejo e gratificação influencia profundamente sua personalidade adulta.

Para as pessoas com burrice Humana, essa formação pode ocorrer de maneiras diferentes, devido às suas dificuldades em processar e integrar estímulos sociais e emocionais.

Um aspecto central da psicanálise é a noção de que o inconsciente governa grande parte do nosso comportamento. Desejos reprimidos, medos e traumas podem permanecer fora da consciência, mas influenciar decisivamente a maneira como nos relacionamos com o mundo.

Para pessoas com deficiências cognitivas, a interação entre o consciente e o inconsciente pode ser especialmente desafiadora. A incapacidade de verbalizar certos sentimentos ou compreender nuances sociais pode gerar frustrações que se manifestam de maneiras não convencionais, como em comportamentos repetitivos, isolamento ou explosões emocionais.

Freud identificou vários mecanismos de defesa que o ego utiliza para lidar com os conflitos entre o id, o superego e as demandas da realidade. ~

Entre eles, estão a repressão (quando empurramos desejos ou pensamentos indesejados para o inconsciente), a negação (quando se recusa a reconhecer uma realidade dolorosa) e a projeção (quando atribuímos a outros os sentimentos que não podemos aceitar em nós mesmos).

Esses mecanismos também são observáveis em pessoas com imparidades cognitivas, que podem, por exemplo, usar a negação como uma forma de lidar com a frustração de não conseguir realizar certas atividades ou a repressão para suprimir emoções que não conseguem processar.

Jacques Lacan, um dos mais importantes psicanalistas do século XX, acrescentou uma dimensão linguística à compreensão da mente.

Para Lacan, o inconsciente é estruturado como uma linguagem, e a forma como experimentamos a realidade depende de nossa inserção no universo simbólico.

A dificuldade das pessoas com burrice Humana em acessar ou usar a linguagem de maneira tradicional pode influenciar diretamente sua relação com o mundo simbólico e, consequentemente, com sua própria subjetividade.

5.3   Compreendendo a experiência da burrice humana através da psicanálise.

A psicanálise oferece uma lente única para interpretar a experiência de pessoas com imparidades cognitivas.

Embora as limitações cognitivas sejam frequentemente tratadas em termos de déficits objetivos — como dificuldades em memória, aprendizado ou atenção — a psicanálise nos lembra de que esses déficits não são apenas técnicos, mas profundamente subjetivos.

Eles interagem com a estrutura da personalidade, com o inconsciente e com os mecanismos de defesa, moldando a maneira como esses indivíduos vivenciam o mundo e a si mesmos.

Um exemplo que ilustra essa interação pode ser encontrado na terapia de indivíduos com autismo, uma condição caracterizada por desafios na comunicação e na interação social.

A psicanálise vê esses desafios não apenas como sintomas neurológicos, mas como manifestações de conflitos inconscientes.

Alguns psicanalistas, como Frances Tustin, que trabalhou extensivamente com crianças autistas, argumentaram que o comportamento repetitivo observado em muitos casos de autismo pode ser interpretado como uma defesa contra sentimentos avassaladores de ansiedade ou confusão interna.

A necessidade de controlar o ambiente externo através de rotinas rígidas seria, nesse caso, uma tentativa inconsciente de manter o ego protegido de estímulos que são percebidos como ameaçadores.

A relação entre linguagem e cognição também é um tema fundamental na abordagem psicanalítica da burrice Humana. Para Lacan, a entrada no mundo simbólico — ou seja, a capacidade de utilizar a linguagem para dar sentido ao mundo — é um dos marcos mais importantes no desenvolvimento psíquico.

No entanto, para indivíduos com dificuldades cognitivas, essa entrada no simbólico pode ser parcial ou frustrada. A incapacidade de nomear certas experiências pode levar à repressão de partes do inconsciente que permanecem inacessíveis, gerando sofrimento psíquico que se manifesta de outras maneiras, como ansiedade, agressividade ou retraimento.

Além disso, a psicanálise também nos ajuda a compreender o impacto emocional da exclusão social que muitas vezes acompanha a burrice Humana.

O estigma associado a essas condições pode reforçar sentimentos de inadequação e inferioridade, o que, por sua vez, pode intensificar o uso de mecanismos de defesa como a negação ou a projeção.

O processo terapêutico, nesse contexto, pode se concentrar em ajudar o indivíduo a acessar e integrar essas emoções reprimidas, promovendo uma maior aceitação de si mesmo e de suas limitações.

A psicanálise, ao explorar os aspectos mais profundos da mente humana, nos oferece uma compreensão rica e matizada da burrice Humana.

Longe de ser apenas uma questão de déficit intelectual, a burrice Humana é um fenômeno que se entrelaça com os complexos mecanismos inconscientes que moldam nossa personalidade, nossos desejos e nossos conflitos internos.

Ao reconhecer a subjetividade única de cada indivíduo, a psicanálise nos lembra que a mente humana é um território vasto e misterioso, onde as limitações cognitivas podem coexistir com profundos processos inconscientes que influenciam a experiência de ser e de existir no mundo.

6 A intersecção entre filosofia, psicanálise e burrice humana: uma visão integrada.

A mente humana, em sua complexidade e profundidade, tem sido objeto de estudo tanto da filosofia quanto da psicanálise, duas disciplinas que, apesar de diferentes em suas abordagens, convergem ao buscar uma compreensão mais ampla dos processos cognitivos e emocionais que moldam nossa existência.

Quando se trata da burrice, essas duas correntes oferecem perspectivas complementares, enriquecendo nossa visão sobre as limitações e as potencialidades da mente.

6.1 A convergência de diferentes perspectivas para uma compreensão mais profunda da mente.

A filosofia, desde suas origens, tem sido uma arena para questionar o que significa ser humano.

Ao longo dos séculos, filósofos tentaram definir a mente e seus processos, investigando questões fundamentais sobre a consciência, a identidade e a cognição.

Platão, Aristóteles, Descartes e Kant, entre outros, dedicaram grande parte de suas obras à busca por uma definição de cognição que não apenas explicasse os processos mentais, mas também situasse o indivíduo em relação ao mundo externo.

Em especial, o questionamento sobre os limites da mente, ou seja, a "burrice" ou burrice Humana, já aparecia nas discussões sobre as falhas e fraquezas humanas.

Do outro lado, a psicanálise introduz uma dimensão subjetiva e inconsciente para a compreensão da mente, propondo que grande parte de nossa cognição e comportamento é governada por processos fora do nosso controle consciente.

A proposta freudiana de que a mente é composta por um sistema dinâmico, no qual o inconsciente desempenha um papel determinante, expande nossa percepção sobre como os déficits cognitivos podem ser vivenciados.

A psicanálise sugere que não são apenas questões de falhas biológicas ou cognitivas que afetam o indivíduo, mas também uma rede de interações inconscientes que podem intensificar ou aliviar essas limitações.

A convergência entre essas disciplinas reside na compreensão holística da mente. Enquanto a filosofia oferece um olhar crítico e estruturado sobre a cognição e o papel do ser humano no mundo, a psicanálise investiga os mecanismos profundos que operam além do pensamento racional, revelando como os impulsos inconscientes, os conflitos emocionais e os mecanismos de defesa modelam a experiência cognitiva.

Juntas, essas perspectivas nos permitem uma visão integrada da burrice Humana, que não é vista apenas como um déficit ou uma falha, mas como parte de um espectro de experiências humanas que inclui emoções, identidade e desejo.

6.2   O Papel da Filosofia e da Psicanálise na Desmistificação da Burrice Humana.

Ao longo da história, a burrice Humana foi amplamente estigmatizada. Na Idade Média, os déficits intelectuais eram vistos como sinais de fraqueza espiritual ou mesmo possessão demoníaca, e aqueles que os manifestavam eram marginalizados ou institucionalizados.

Mesmo nos tempos modernos, a visão simplificada de "burrice" perpetuou o preconceito contra aqueles que apresentavam limitações cognitivas, muitas vezes negando-lhes a dignidade e o reconhecimento de suas capacidades.

A filosofia tem sido crucial para desmontar essa visão reducionista. Desde Aristóteles, que já defendia a educação adaptada às capacidades de cada indivíduo, até a teoria das inteligências múltiplas de Howard Gardner, que desafia o conceito de uma inteligência única e mensurável, a filosofia tem oferecido argumentos para a valorização da diversidade cognitiva.

Gardner, em seu trabalho sobre inteligências múltiplas, argumenta que todos os seres humanos possuem diferentes formas de inteligência — linguística, lógica, espacial, musical, entre outras — e que cada uma dessas inteligências deve ser vista como uma contribuição valiosa, em vez de uma falha.

Essa perspectiva filosófica abre espaço para a ideia de que a burrice Humana não é simplesmente uma ausência de capacidades, mas uma manifestação de habilidades diferentes e não tradicionais.

A psicanálise, por sua vez, oferece uma forma de compreender a experiência subjetiva das pessoas com déficits cognitivos. Freud, ao investigar os mecanismos de defesa e os conflitos inconscientes, destacou que as limitações cognitivas frequentemente se entrelaçam com traumas emocionais, desejos reprimidos e frustrações sociais.

A psicanálise permite que vejamos além dos sintomas cognitivos aparentes e nos concentra na experiência emocional e subjetiva do indivíduo, destacando que a burrice Humana não deve ser vista apenas como um problema a ser corrigido, mas como uma condição a ser compreendida dentro de um contexto mais amplo de vida e identidade.

Jacques Lacan, um dos sucessores mais importantes de Freud, acrescenta que a linguagem e o simbólico desempenham um papel central na formação do sujeito.

Para Lacan, a entrada no campo da linguagem é o que nos torna sujeitos plenos, mas, ao mesmo tempo, essa entrada pode ser marcada por conflitos e dificuldades, especialmente para aqueles com imparidades cognitivas.

A incapacidade de usar a linguagem da mesma forma que a maioria das pessoas, seja por dificuldades cognitivas ou emocionais, afeta profundamente a maneira como o indivíduo se vê e como interage com os outros.

A partir dessa perspectiva, a psicanálise revela as camadas mais sutis do impacto que a burrice Humana tem na vida emocional e psíquica do sujeito, indo além das explicações biológicas ou comportamentais.

6.3   Buscando caminhos para a inclusão e o respeito à diversidade.

Uma visão integrada da filosofia e da psicanálise não apenas nos permite uma compreensão mais rica da burrice Humana, mas também aponta para a necessidade de uma mudança social em direção à inclusão e ao respeito à diversidade.

Ao compreender que a cognição humana é multifacetada e que as limitações cognitivas podem ser abordadas a partir de diferentes ângulos — filosófico, psicanalítico, social e emocional —, tornamo-nos mais capazes de criar um ambiente que valorize todas as formas de inteligência e cognição.

Uma das principais conclusões dessa intersecção de disciplinas é que a burrice Humana não deve ser vista como algo a ser corrigido ou superado, mas como uma parte da diversidade humana que deve ser respeitada e acolhida.

A educação inclusiva, por exemplo, já é uma resposta a esse desafio. Inspirada pelas teorias das inteligências múltiplas e pelas abordagens psicossociais de inclusão, escolas e instituições em todo o mundo estão repensando suas práticas para garantir que pessoas com diferentes capacidades cognitivas tenham acesso a uma educação significativa e adaptada às suas necessidades.

Além disso, o ambiente de trabalho também está gradualmente se transformando. Empresas como a Microsoft e a SAP têm programas específicos para incluir pessoas com espectro autista, demonstrando que a diversidade cognitiva não é apenas uma questão de justiça social, mas também de inovação.

Pessoas com diferentes formas de pensar podem trazer perspectivas únicas e soluções criativas para os problemas que enfrentamos em sociedade.

No campo da saúde mental, a psicanálise tem oferecido abordagens terapêuticas mais sensíveis às necessidades emocionais e subjetivas de indivíduos com déficits cognitivos.

Em vez de tratar esses indivíduos como "casos" a serem resolvidos, a psicanálise propõe que os terapeutas ouçam suas experiências, compreendam seus desafios e colaborem na construção de uma identidade que seja rica e complexa, independentemente das limitações cognitivas.

Essa abordagem humanista nos ensina a valorizar a singularidade de cada indivíduo, reconhecendo que o que chamamos de "imparidade" pode ser uma fonte de profundidade emocional e cognitiva.

7   A burrice: tipos, variações, intensidades e opções.

A palavra "burrice" é frequentemente utilizada de forma pejorativa para descrever falhas de raciocínio, decisões equivocadas ou falta de habilidade em resolver problemas.

No entanto, o conceito é muito mais complexo do que essa definição simplista sugere. A burrice, ou a burrice Humana, como preferimos tratar aqui, pode ser entendida como um fenômeno multifacetado que se manifesta de diferentes maneiras, com variações em intensidade e impacto na vida das pessoas.

7.1   Tipos de burrice: categorias e classificações.

A burrice, enquanto termo culturalmente carregado, pode ser compreendida sob diferentes perspectivas. No campo da psicologia e das ciências cognitivas, não se trata de uma deficiência genérica, mas de uma diversidade de manifestações cognitivas que incluem limitações em áreas específicas, como raciocínio lógico, habilidades sociais ou capacidade de aprendizado.

1. Burrice Cognitiva Estrutural.

Este tipo refere-se às limitações relacionadas a funções cognitivas essenciais, como memória, atenção e capacidade de processamento de informações.

Indivíduos com dificuldades nesse campo podem apresentar lentidão na compreensão de conceitos, problemas em armazenar e recuperar informações e dificuldades em manter o foco em tarefas.

Um exemplo clássico seria o transtorno do déficit de atenção com hiperatividade (TDAH), em que o indivíduo enfrenta desafios na manutenção da atenção e na organização do pensamento, o que pode ser erroneamente interpretado como "burrice".

2. Burrice contextual ou situacional.

Este tipo de burrice é transitório e aparece em contextos específicos. Trata-se de uma limitação que não é intrínseca à capacidade cognitiva do indivíduo, mas surge em função de fatores externos, como estresse, ansiedade, distração ou falta de conhecimento prévio sobre determinado tema.

Todos nós já experimentamos esse tipo de situação: quando estamos sob pressão ou diante de um tema desconhecido, nosso desempenho cognitivo pode ser significativamente afetado.

Nesses casos, a pessoa pode ter um desempenho abaixo de seu potencial cognitivo devido às circunstâncias, o que não reflete sua verdadeira capacidade.

3. Burrice emocional.

A "burrice emocional", termo popularizado por Daniel Goleman, refere-se à incapacidade de reconhecer, processar ou lidar adequadamente com as emoções, tanto as próprias quanto as dos outros.

Pessoas que apresentam dificuldades nessa área tendem a tomar decisões impulsivas, têm dificuldade em controlar emoções negativas ou em estabelecer relações interpessoais saudáveis.

Essa forma de burrice está mais relacionada à inteligência emocional do que à cognitiva, mas, ainda assim, afeta profundamente o julgamento e a tomada de decisões.

4. Burrice social.

A burrice social diz respeito à inaptidão em navegar pelas normas e expectativas sociais. Pessoas que apresentam essa forma de limitação podem não perceber ou interpretar mal as regras sociais, o que as leva a interações desajeitadas ou inadequadas.

Um exemplo disso pode ser encontrado no autismo, onde muitos indivíduos têm dificuldades em entender sinais sociais ou em manter interações fluentes dentro das convenções estabelecidas pela sociedade.

Variações e intensidades da burrice.

Assim como a inteligência, a burrice também pode ser classificada em um espectro de intensidades, que varia de leve a severa.

1. Burrice leve.

Nesse nível, as limitações são sutis e muitas vezes passam despercebidas. São aqueles pequenos "erros" de julgamento que todos cometemos, como esquecer uma informação importante ou ser enganado por uma falha de raciocínio.

A burrice leve geralmente não tem impacto significativo no dia a dia e pode ser facilmente corrigida com treinamento, prática ou conscientização.

2. Burrice moderada.

A burrice moderada envolve dificuldades mais evidentes, que começam a impactar a vida cotidiana e a interação social. Indivíduos com esse nível de limitação podem enfrentar dificuldades mais recorrentes em resolver problemas complexos, seguir instruções ou manter um raciocínio lógico consistente.

No ambiente de trabalho ou escolar, esses desafios podem se manifestar como uma performance abaixo do esperado, o que, sem suporte adequado, pode levar à frustração e desmotivação.

3. Burrice Severa.

No extremo do espectro, a burrice severa pode ser incapacitante, interferindo significativamente na capacidade de um indivíduo de cuidar de si mesmo, realizar tarefas básicas ou tomar decisões autônomas.

Em casos severos, o indivíduo pode necessitar de suporte contínuo para funcionar em ambientes sociais ou profissionais. As condições associadas a este nível incluem deficiências intelectuais profundas ou transtornos neurológicos graves.

7.2   Opções de desenvolvimento e superação.

Embora a burrice seja frequentemente vista como um traço fixo, os avanços nas neurociências, na psicologia e nas práticas educacionais têm demonstrado que o desenvolvimento cognitivo pode ser fortalecido ao longo da vida.

Estratégias terapêuticas, educativas e tecnológicas oferecem caminhos para que as pessoas com diferentes graus e formas de burrice Humana possam desenvolver suas habilidades e reduzir os impactos dessas limitações.

1. Educação e treinamento cognitivo.

Uma das abordagens mais promissoras para o desenvolvimento de capacidades cognitivas é o treinamento cognitivo, que envolve atividades e exercícios projetados para melhorar funções como memória, atenção e resolução de problemas.

Programas de educação especial e técnicas como a aprendizagem baseada em jogos (gamificação) têm sido eficazes para promover a plasticidade cerebral e melhorar o desempenho cognitivo de pessoas com limitações.

Por exemplo, crianças com dislexia podem se beneficiar de programas de leitura estruturados que utilizam abordagens multissensoriais, ajudando a desenvolver habilidades de decodificação e compreensão de textos.

Da mesma forma, adultos que apresentam déficits de memória podem praticar exercícios específicos que envolvem o uso de mnemônicos e técnicas de visualização.

2. Intervenção psicológica e emocional.

Dado que muitos tipos de burrice estão intimamente ligados às emoções e às interações sociais, intervenções psicológicas que tratam do desenvolvimento da inteligência emocional e da regulação do comportamento são fundamentais.

A terapia cognitivo-comportamental (TCC) é uma das opções mais usadas, ajudando os indivíduos a identificar e modificar padrões de pensamento que perpetuam comportamentos negativos ou ineficazes.

No caso de indivíduos com burrice emocional, o desenvolvimento de habilidades como a empatia, o controle da raiva e a comunicação assertiva pode transformar profundamente a maneira como se relacionam com os outros e consigo mesmos.

3. Tecnologia assistiva.

A tecnologia assistiva tem aberto novas portas para burras, oferecendo ferramentas que auxiliam na superação de desafios diários.

Dispositivos como agendas eletrônicas com lembretes visuais, aplicativos de organização de tarefas e programas de reconhecimento de voz para comunicação são exemplos de como a tecnologia pode atuar como um facilitador para o desenvolvimento de autonomia.

4. Apoio social e redes de suporte.

Além das abordagens terapêuticas e educacionais, o apoio social desempenha um papel essencial no desenvolvimento e superação das limitações cognitivas.

Famílias, amigos, professores e profissionais de saúde mental podem criar redes de suporte que proporcionam um ambiente de aceitação, onde o indivíduo sente-se motivado a crescer, aprender e superar suas dificuldades.

7.3   Conclusão.

A "burrice", quando analisada de maneira crítica e aprofundada, revela-se como uma construção social e cognitiva muito mais complexa do que um simples rótulo para falhas intelectuais.

É um fenômeno multifacetado que pode ser transitório, situacional, emocional ou estrutural, com diferentes intensidades e impactos na vida de cada indivíduo.

No entanto, independentemente de sua manifestação, a burrice não deve ser vista como um obstáculo intransponível. Pelo contrário, com as ferramentas adequadas — sejam elas tecnológicas, educativas ou psicológicas —, os indivíduos podem não apenas superar suas limitações, mas também encontrar caminhos para desenvolver novas habilidades e atingir seu pleno potencial.

8   Diferenças entre leigo e burro.

As palavras "leigo" e "burro" são frequentemente usadas em contextos diferentes, e suas distinções são importantes para uma compreensão precisa.

Embora ambos os termos possam, em certas situações, referir-se a alguma limitação em relação ao conhecimento ou à habilidade, eles carregam nuances bastante distintas, tanto em sua conotação quanto em seu uso.

Vamos aqui analisar estas duas modalidades de "burrice"

8.1   Definição e contexto de uso.

Leigo.

O termo leigo refere-se a alguém que não possui conhecimento especializado em uma área específica, mas isso não implica, de forma alguma, falta de inteligência ou incapacidade de aprender.

A palavra é usada para descrever pessoas que, por falta de formação ou experiência, ainda não dominam um assunto técnico ou especializado.

Por exemplo, alguém pode ser leigo em engenharia civil, mas ser altamente capacitado em outras áreas, como literatura ou administração.

- Exemplo de uso: "Ele é leigo em medicina, mas está interessado em aprender mais sobre o assunto."

Aqui, "leigo" carrega uma neutralidade: a pessoa pode não ter conhecimento, mas isso não implica uma deficiência intelectual. O leigo tem a possibilidade de adquirir conhecimento, caso tenha interesse ou oportunidade.

Burro.

Por outro lado, o termo "burro" tem uma conotação pejorativa e ofensiva, referindo-se a alguém que é percebido como incapaz de entender ou de realizar tarefas cognitivas consideradas simples ou básicas.

Ao contrário de "leigo", que apenas denota falta de conhecimento em uma área específica, "burro" sugere uma incapacidade generalizada de raciocinar ou aprender.

Este termo, porém, é frequentemente injusto e não reflete adequadamente a complexidade das capacidades humanas. Além disso, a palavra "burro" tende a descrever julgamentos subjetivos e emocionais, geralmente usados de forma impensada ou como insulto.

- Exemplo de uso: "Ele não entende matemática, é um burro." (Esse uso é pejorativo e desrespeitoso.)

Neste exemplo, o termo "burro" insinua uma incapacidade cognitiva, desconsiderando a possibilidade de que a pessoa possa ter dificuldades específicas em uma área, mas ser competente em outras.

8.2   A natureza do conhecimento.

Leigo.

Um leigo pode não ter familiaridade com uma área particular de conhecimento, mas isso é uma questão de circunstância ou oportunidade, e não de capacidade mental.

Por exemplo, uma pessoa que nunca estudou programação pode ser leiga nesse campo, mas, com treinamento adequado, pode adquirir as habilidades necessárias para entender e utilizar linguagens de programação.

A condição de "leigo" é, portanto, transitória e ligada ao contexto. Ela muda conforme o indivíduo adquire mais conhecimento.

Burro.

Já o termo "burro" sugere uma suposta deficiência cognitiva que vai além da falta de conhecimento — e é usado, de forma equivocada, para implicar que a pessoa tem dificuldade em aprender ou processar informações, independentemente da oportunidade de adquirir conhecimento.

Isso é problemático porque rotula uma pessoa de maneira definitiva, ignorando a complexidade das múltiplas inteligências e das diversas formas de aprendizado. "Burro" é um termo fixo, e é usado para ridicularizar alguém, muitas vezes sem considerar suas reais capacidades.

8.3   Potencial de aprendizado.

Leigo.

O leigo tem, por definição, potencial de aprendizado. A falta de conhecimento em uma área específica não limita suas capacidades em outros domínios e, na maioria dos casos, com estudo, prática e orientação, o leigo pode se tornar especialista em determinado assunto.

O conceito de "leigo" está intimamente ligado à ideia de crescimento e aquisição de conhecimento.

- Exemplo: Alguém pode ser leigo em física quântica, mas, com o tempo e dedicação, pode adquirir um bom entendimento sobre o tema. A limitação aqui é temporária, e a superação dela é uma questão de interesse e oportunidade.

Burro.

Já a palavra "burro", ao ser usada de forma pejorativa, nega esse potencial de aprendizado. A pessoa é considerada incapaz de aprender ou melhorar, independentemente do contexto.

Trata-se de um termo que implica permanência, sugerindo que o indivíduo nunca será capaz de superar suas limitações, o que é um erro de julgamento, pois não leva em conta as muitas formas de inteligência e as diferentes maneiras de aprendizado.

8.4   Aplicação e perspectiva social.

Leigo.

No contexto social, ser chamado de leigo não é ofensivo. É uma descrição neutra e factual de alguém que não possui um conhecimento específico em determinado campo.

A palavra reconhece que o aprendizado é uma jornada, e ninguém pode ser especialista em tudo. Ela reflete a diversidade das capacidades humanas, onde cada pessoa tem sua área de especialização e também suas lacunas.

- Exemplo: Um advogado pode ser leigo em finanças, e um economista pode ser leigo em leis. Ambos têm potencial para aprender mais sobre o campo do outro.

Burro.

O termo "burro", no entanto, carrega forte carga negativa e é usado como um insulto. Ao contrário de "leigo", que respeita a complexidade do conhecimento e do aprendizado, "burro" simplifica a condição humana em um rótulo rígido e depreciativo, minando o valor do indivíduo e criando estigmas.

Na sociedade, o uso desse termo é frequentemente associado à marginalização e à ridicularização, o que pode ter um impacto emocional e psicológico negativo em quem é assim rotulado.

8.5   Conclusão.

Em resumo, a diferença central entre "leigo" e "burro" está na natureza do conhecimento e da capacidade de aprendizado que esses termos implicam. Leigo refere-se à falta de conhecimento específico em um campo, sem julgamento sobre a capacidade geral da pessoa ou seu potencial de aprendizado.

O leigo tem a capacidade de se instruir, e sua condição é transitória. Já "burro" é uma palavra pejorativa que sugere uma incapacidade generalizada de aprender ou raciocinar, um rótulo fixo e depreciativo que ignora a diversidade cognitiva e a capacidade humana de superar desafios.

Assim, enquanto "leigo" é um termo neutro e contextual, "burro" é uma construção social negativa, desrespeitosa e injusta na maioria das situações. A primeira reconhece o potencial de crescimento; a segunda, erroneamente, nega-o.

9 A tirania da ignorância: os piores tipos de burrice e suas armadilhas.

No vasto espectro das limitações cognitivas, a burrice pode se manifestar de formas diversas e, muitas vezes, surpreendentemente insidiosas.

Mais do que a mera falta de conhecimento ou a ausência de habilidades, os piores tipos de burrice surgem quando o indivíduo é incapaz de reconhecer suas próprias falhas intelectuais, emocionais ou éticas.

Essas formas de burrice não apenas impedem o crescimento pessoal, mas também têm o potencial de gerar danos significativos, seja no ambiente social, político ou até mesmo global.

Este capítulo examina os tipos mais prejudiciais de burrice — desde a ilusão de conhecimento do Efeito Dunning-Kruger, que impede a autocrítica, até o erudito empacado, cuja vastidão de conhecimento o imobiliza na rigidez intelectual.

No entanto, o fenômeno não se limita à esfera individual: a burrice coletiva, a falta de sensibilidade emocional e moral, e a rejeição teimosa de novas tecnologias ou ideologias também fazem parte deste cenário complexo e perturbador.

Cada uma dessas burrices oferece lições sobre os perigos de ignorar as próprias limitações e as consequências de se prender a uma visão de mundo inflexível.

9.1 A arrogância da ignorância: quando quem nada sabe pensa saber tudo.

Há um tipo específico de burrice que se destaca entre todas: a ilusão de conhecimento, caracterizada por indivíduos que não sabem, mas acreditam firmemente que dominam um assunto.

Esse fenômeno não apenas bloqueia a possibilidade de aprendizado, mas também se torna perigoso quando esses indivíduos influenciam decisões ou se posicionam como "especialistas" em áreas sobre as quais têm pouca ou nenhuma compreensão.

9.1.1   A arrogância da ignorância.

Uma frase frequentemente atribuída a Socrates é "só sei que nada sei", uma afirmação que demonstra a sabedoria em reconhecer os próprios limites de conhecimento.

No entanto, o oposto desse princípio filosófico caracteriza a pior forma de burrice: a pessoa que nada sabe, mas pensa saber tudo. Esse tipo de arrogância intelectual não é apenas uma barreira ao aprendizado, mas um obstáculo ativo ao progresso, tanto individual quanto coletivo.

Essa forma de ignorância arrogante é muitas vezes marcada por uma confiança exagerada, que leva o indivíduo a subestimar a complexidade de um tópico e, ao mesmo tempo, superestimar sua própria competência.

Um conceito amplamente estudado por psicólogos modernos é o Efeito Dunning-Kruger, que descreve essa tendência.

O efeito, nomeado em homenagem aos pesquisadores David Dunning e Justin Kruger, demonstra que indivíduos com baixo nível de habilidade em uma determinada área tendem a superestimar sua competência, enquanto aqueles mais qualificados, por outro lado, frequentemente subestimam sua própria habilidade.

9.1.2   O efeito dunning-kruger: a ciência da arrogância.

O Efeito Dunning-Kruger sugere que quanto menos uma pessoa sabe sobre um assunto, maior é sua confiança em seu entendimento.

Isso se dá porque, sem o conhecimento necessário para avaliar adequadamente uma situação ou assunto, esses indivíduos não conseguem perceber o quanto ignoram.

A falta de habilidade ou conhecimento impede que reconheçam as limitações da própria competência, criando uma ilusão de superioridade.

Exemplo clássico: Alguém que lê um artigo superficial sobre economia e, em seguida, assume que entende plenamente as dinâmicas econômicas globais, começando a fazer afirmações categóricas sobre o que os governos deveriam ou não fazer.

Essas opiniões, embora desinformadas, muitas vezes são expressas com extrema confiança, o que pode levar outros a tomá-las como legítimas, criando uma cadeia de desinformação.

Essa combinação de confiança e ignorância é especialmente perigosa porque os indivíduos afetados pelo efeito Dunning-Kruger têm menos probabilidade de buscar aprendizado adicional.

Como eles acreditam já dominar o assunto, não veem a necessidade de aprofundar-se ou considerar pontos de vista diferentes. Esse fenômeno gera uma estagnação cognitiva, onde o potencial de crescimento intelectual é barrado pela falsa percepção de conhecimento.

9.1.3   Consequências sociais e culturais.

A burrice de quem nada sabe e pensa saber tudo pode ter consequências desastrosas, tanto em nível individual quanto coletivo.

Em situações críticas, como decisões políticas, econômicas ou de saúde pública, a presença de líderes ou influenciadores que caem nessa armadilha pode ser especialmente danosa.

Quando indivíduos desinformados, mas excessivamente confiantes, conseguem convencer outros a seguir suas ideias, o efeito em cadeia pode resultar em políticas mal formuladas, desinformação em larga escala e até crises sociais.

Esse comportamento também é amplificado pela dinâmica das redes sociais. Plataformas como Twitter e Facebook permitem que qualquer pessoa, independentemente de sua qualificação, expresse opiniões de forma pública e amplificada.

Em muitos casos, as opiniões mais compartilhadas e difundidas não são as mais bem fundamentadas, mas as mais confidentemente expressas.

O perigo aqui está na criação de uma ilusão de expertise, em que argumentos sem base científica ou lógica são aceitos porque parecem seguros, quando, na verdade, são apenas fruto da ignorância não reconhecida.

9.1.4 A importância da humildade intelectual.

Uma maneira de combater esse tipo de burrice é cultivar a humildade intelectual. Reconhecer que o conhecimento é vasto e que ninguém pode dominar todos os campos do saber é essencial para o crescimento pessoal e para a construção de uma sociedade mais crítica e reflexiva.

Isaac Newton, um dos maiores cientistas da história, disse: "O que sabemos é uma gota; o que ignoramos é um oceano". Este reconhecimento da vastidão do desconhecido é o que caracteriza as mentes verdadeiramente brilhantes.

A humildade intelectual também nos protege contra a armadilha do viés de confirmação, onde buscamos apenas informações que validam nossas crenças preexistentes.

Ao contrário, a humildade nos incentiva a buscar ativamente informações que desafiam nossas suposições e nos abre para a possibilidade de crescimento e aprendizado contínuo.

9.1.5   O papel da educação.

A educação desempenha um papel central na prevenção dessa forma de burrice. Sistemas educacionais que promovem o pensamento crítico, a reflexão e a abertura para novas ideias ajudam a formar indivíduos mais conscientes de suas limitações cognitivas.

Ensinar os estudantes a questionar, a avaliar informações de maneira rigorosa e a reconhecer a complexidade dos problemas globais é fundamental para evitar que futuros líderes e cidadãos caiam na armadilha da ilusão de conhecimento.

No entanto, a educação deve ir além do ensino de fatos; ela precisa cultivar uma mentalidade de aprendizado contínuo, em que o estudante reconhece que o processo de aprendizado é interminável.

Incentivar a curiosidade intelectual e a capacidade de admitir quando não se sabe algo é crucial para uma sociedade mais consciente e menos suscetível à desinformação.

9.2   O erudito empacado: quando o conhecimento se torna uma prisão.

Há uma figura bastante peculiar no cenário intelectual: o erudito empacado.

Trata-se de uma pessoa que acumulou vasto conhecimento ao longo da vida, dominando seu campo de estudo e exibindo uma enorme bagagem cultural, mas que, paradoxalmente, se vê incapaz de progredir intelectualmente.

Este fenômeno ocorre quando o acúmulo de conhecimento, em vez de abrir novas possibilidades, transforma-se em uma barreira para a inovação e a adaptabilidade.

9.2.1   Conhecimento sem flexibilidade.

O erudito empacado é aquele que, apesar de seu grande conhecimento, não consegue pensar além das fronteiras que ele mesmo construiu.

Essa condição não surge da falta de inteligência ou de dedicação, mas da incapacidade de adaptar-se a novas ideias ou de reavaliar os próprios pressupostos.

Muitos eruditos se especializam profundamente em um campo, adquirindo expertise e autoridade, mas, à medida que sua identidade se entrelaça com esse domínio específico, eles se tornam incapazes de aceitar mudanças que desafiem suas crenças ou metodologias estabelecidas.

Exemplo comum: Um professor universitário que, após décadas de carreira, continua a ensinar as mesmas teorias e conceitos, ignorando ou desdenhando as novas correntes de pensamento que surgem.

Embora tenha uma formação vasta e profunda, ele resiste a revisitar ou questionar suas convicções, permanecendo fixo em uma visão de mundo desatualizada.

Essa inflexibilidade não é incomum.

O medo de perder o status de especialista, a sensação de ameaça causada por ideias que contrariam décadas de estudo e a tendência humana de buscar conforto na familiaridade são fatores que contribuem para o empacamento intelectual.

Este fenômeno pode ser visto em várias áreas, da academia à ciência, da política à economia, onde alguns dos indivíduos mais cultos e instruídos acabam se distanciando das inovações que desafiam suas certezas.

9.2.2 A ilusão de completude.

Uma das armadilhas mais perigosas que os eruditos empacados enfrentam é a ilusão de completude, a sensação de que já atingiram um nível de conhecimento tão elevado que não há mais necessidade de aprendizado ou mudança.

Este é o ponto em que o erudito passa a acreditar que domina plenamente seu campo de estudo e que, portanto, qualquer nova ideia ou abordagem é, em grande parte, supérflua ou equivocada. Essa atitude, no entanto, sufoca o espírito da investigação científica e intelectual, que deveria ser movido pela curiosidade e pela humildade.

O filósofo Karl Popper, em sua obra sobre o método científico, argumentava que o conhecimento humano é sempre provisório e que as teorias devem estar constantemente abertas à refutação e revisão. Para ele, a ideia de que se pode "conhecer tudo" é fundamentalmente falha.

O erudito empacado, no entanto, opera em oposição a esse princípio, uma vez que seu conhecimento se cristaliza, tornando-se uma barreira ao progresso.

Esse fenômeno pode ser comparado à ideia de dogmatismo.

Enquanto o dogmatismo religioso ou ideológico rejeita qualquer questionamento das verdades estabelecidas, o erudito empacado pratica um dogmatismo intelectual, acreditando que seu conhecimento é imune a erros ou limitações.

Essa postura é especialmente comum em campos onde as teorias se tornam parte da identidade pessoal do indivíduo.

9.2.3   O papel do ego no empacamento intelectual.

O ego desempenha um papel crucial na transformação de um erudito em alguém empacado. Quando o status intelectual de uma pessoa é amplamente reconhecido, surge o risco de que essa reputação se torne uma parte central de sua autoimagem.

O erudito, então, começa a proteger seu conhecimento e a resistir a qualquer ideia que ameace sua posição de autoridade.

Este comportamento pode ser observado em figuras que, ao longo de sua carreira, conquistaram respeito e reconhecimento, mas que, ao serem confrontadas com novas ideias, as desdenham como simplórias ou irrelevantes.

Ao invés de considerar esses novos pontos de vista, o erudito empacado os rejeita por temer perder seu status, preferindo preservar a ilusão de controle e domínio total sobre seu campo.

O sociólogo Pierre Bourdieu, em sua análise das estruturas de poder intelectual, apontou como o "capital cultural" (o prestígio e a autoridade acumulados) pode tornar-se uma armadilha, fazendo com que aqueles que detêm grande conhecimento lutem para manter sua posição, mesmo que isso signifique ignorar ou suprimir novas correntes de pensamento.

9.2.4   A ciência e a filosofia do erudito empacado.

Do ponto de vista filosófico, o empacamento intelectual pode ser relacionado ao conceito de fixidez funcional, um termo da psicologia cognitiva que se refere à incapacidade de usar um objeto ou conceito além de sua função original.

Esse fenômeno acontece quando uma pessoa fica tão acostumada a uma maneira específica de ver ou usar algo que não consegue enxergar outras possibilidades. No contexto do erudito empacado, isso se traduz na fixação em um conjunto de teorias ou metodologias, ignorando que o próprio conhecimento é dinâmico e mutável.

No campo científico, vemos o empacamento em figuras que, após anos de pesquisa e desenvolvimento de uma teoria, se recusam a aceitar dados ou evidências que a contradigam. O físico Max Planck certa vez disse: "A ciência avança um funeral de cada vez", referindo-se à relutância de cientistas veteranos em aceitar novas ideias e descobertas que contrariam suas teorias estabelecidas.

O progresso, muitas vezes, depende da nova geração de pesquisadores e intelectuais que desafiam as ideias dos "eruditos empacados". No entanto, essa rigidez é particularmente problemática quando tais eruditos ocupam posições de poder, controlando a forma como o conhecimento é disseminado ou quais pesquisas recebem financiamento.

9.2.5 Caminhos para evitar o empacamento.

O antídoto contra o empacamento intelectual reside em cultivar uma mentalidade de aprendizado contínuo. Isso envolve:

1   Humildade intelectual. Reconhecer que, por mais vasto que seja o conhecimento adquirido, sempre haverá algo novo a aprender e que o conhecimento atual pode estar sujeito a revisão. Esse princípio, defendido por filósofos como Karl Popper e Bertrand

Russell, reforça a ideia de que o conhecimento nunca é completo ou definitivo.

2   Flexibilidade cognitiva. Aprender a reavaliar suposições e abrir-se para novas ideias e teorias, mesmo que elas desafiem convicções profundamente enraizadas. Isso significa buscar ativamente o contato com abordagens diferentes, inclusive de áreas fora do campo de especialização do erudito.

3   Diálogo interdisciplinar. O isolamento intelectual é uma das causas mais comuns do empacamento. Estar aberto ao diálogo com outras disciplinas permite expandir horizontes e adaptar o conhecimento adquirido a novas realidades. Muitas das inovações mais importantes na ciência e nas humanidades surgiram da combinação de diferentes campos de estudo.

4   Fomento da curiosidade. Uma das características mais valiosas de um verdadeiro erudito é a curiosidade insaciável. Ao nutrir essa curiosidade, o erudito se mantém motivado a aprender, explorar e aceitar que o conhecimento é um processo em constante evolução.

9.3   Burrice coletiva: a tragédia do conformismo digital.

A ascensão da inteligência artificial (IA) e das redes sociais revolucionou nossa capacidade de conexão e informação, criando o que alguns chamam de "inteligência coletiva", onde milhões de mentes se conectam para compartilhar e acessar informações de maneira instantânea.

No entanto, essas mesmas plataformas que deveriam ampliar a sabedoria coletiva têm frequentemente promovido o oposto: a burrice coletiva. Em vez de disseminar conhecimentos diversos, essas ferramentas se tornaram terreno fértil para o conformismo de grupo e a propagação de desinformação.

A IA não apenas reflete as limitações e os vieses humanos, mas muitas vezes reforça esses defeitos, criando uma espiral de autoafirmação que limita a diversidade intelectual e inibe a inovação.

9.3.1 A natureza do conformismo de grupo e sua amplificação pela IA.

A burrice coletiva é um fenômeno onde grupos de indivíduos, guiados pela pressão social e pelo desejo de pertencimento, tomam decisões irracionais e ignoram evidências contrárias.

Este comportamento é amplificado em ambientes onde a conformidade é recompensada e as vozes dissonantes são desencorajadas. Nos ambientes digitais, onde a IA controla o fluxo de informações, a burrice coletiva ganha nova dimensão.

Através de algoritmos de recomendação, como os utilizados pelo YouTube, Facebook e Twitter, a IA cria bolhas de filtragem que restringem o acesso a opiniões divergentes e reforçam as crenças já existentes.

Estudos de psicologia social, como os de Solomon Asch, já demonstraram o poder do conformismo em moldar decisões individuais.

Em seus experimentos clássicos, Asch mostrou que indivíduos eram capazes de concordar com uma resposta obviamente errada quando confrontados com a unanimidade do grupo.

Esse fenômeno, que já era notável em interações presenciais, torna-se ainda mais potente e descontrolado quando amplificado por redes sociais e mecanismos de IA, onde o indivíduo pode estar exposto a milhões de pessoas com a mesma opinião, criando uma ilusão de verdade consensual.

A IA, projetada para maximizar o engajamento, agrava essa tendência natural ao promover conteúdos que reforçam as preferências e crenças dos usuários, em vez de apresentar perspectivas variadas.

No final, essa dinâmica torna a burrice coletiva não apenas uma ocorrência social, mas um resultado inevitável de sistemas digitais que priorizam a retenção do usuário ao invés da qualidade informacional.

O usuário que procura informações sobre um tema controverso, como mudanças climáticas ou saúde, por exemplo, verá predominantemente conteúdos que concordam com sua opinião inicial, criando uma visão de mundo que pode ser limitada e distorcida.

9.3.2 Exemplos: desinformação, conformismo e manipulação digital.

Caso 1: Desinformação e Pandemia de COVID-19

Um dos exemplos mais emblemáticos de burrice coletiva amplificada pela IA ocorreu durante a pandemia de COVID-19.

Redes sociais, como Facebook e YouTube, se tornaram fontes primárias de informação para milhões de pessoas, mas, em vez de promover conteúdo científico confiável, essas plataformas impulsionaram teorias da conspiração, tratamentos falsos e desinformação.

De acordo com um relatório do Center for Countering Digital Hate (CCDH), algoritmos de recomendação de plataformas sociais promoveram ativamente desinformação sobre a pandemia, expondo usuários a conteúdos de baixa qualidade, mas altamente engajadores.

A IA utilizada por essas plataformas seguiu uma lógica simples: aumentar o tempo de retenção dos usuários, priorizando conteúdo que evocasse reações emocionais fortes, independentemente da veracidade.

Esse modelo de recomendação não só ignorou a responsabilidade social de apresentar informações precisas, como também incentivou o conformismo de grupo.

Aqueles que buscavam informações alternativas acabaram em "câmaras de eco" onde suas opiniões eram repetidas e amplificadas, resultando em resistência a diretrizes de saúde pública e desconfiança generalizada na ciência.

Caso 2: As bolhas de informação no processo eleitoral.

Outro exemplo de burrice coletiva facilitada pela IA ocorre no contexto político. Em processos eleitorais, como as eleições presidenciais de 2016 nos Estados Unidos, o uso de algoritmos de IA nas redes sociais desempenhou um papel crítico na polarização do eleitorado.

Plataformas como o Facebook, Twitter e Instagram, ao priorizar conteúdos que geravam maior engajamento, criaram bolhas de informação onde eleitores viam apenas informações alinhadas às suas preferências políticas, ignorando dados ou perspectivas que pudessem desafiar suas crenças.

Essas bolhas informacionais distorceram a realidade, promovendo uma visão do mundo em que as ideias opostas eram demonizadas e as próprias crenças eram continuamente reforçadas.

A IA, nesse caso, agiu como um catalisador para o pensamento tribal, onde a identidade de grupo se sobrepôs ao debate racional e à análise crítica.

Essa forma de conformismo, alimentada por uma tecnologia que deveria promover a diversidade de pensamento, resultou na burrice coletiva de grandes grupos populacionais, incapazes de dialogar ou considerar perspectivas alternativas.

9.3.3 Como a IA amplifica a burrice coletiva: algoritmos de recomendação e bolhas de filtro.

Para entender como a IA contribui para o conformismo de grupo, é essencial compreender o papel dos algoritmos de recomendação.

Esses algoritmos são desenvolvidos para fornecer ao usuário um fluxo constante de conteúdos personalizados, com base em dados coletados de suas interações anteriores.

Em teoria, essa personalização poderia enriquecer o conhecimento do usuário ao oferecer uma variedade de informações relevantes. No entanto, na prática, os algoritmos de recomendação tendem a criar bolhas de filtro, onde o usuário é exposto apenas a conteúdos que reforçam suas crenças preexistentes.

Esse fenômeno, que pesquisadores chamam de echo chambers ou câmaras de eco, ocorre porque os algoritmos buscam maximizar o engajamento do usuário.

Como resultado, qualquer conteúdo que possa desafiar ou questionar a visão de mundo do indivíduo é excluído do fluxo de informações, criando uma realidade fragmentada e unilateral.

Essa "realidade artificial" é um dos principais fatores que contribuem para a burrice coletiva, transformando indivíduos informados em grupos polarizados e incapazes de dialogar com o oposto.

9.3.4 Dicas Práticas para Mitigar o Conformismo Algorítmico.

1 Consciência da bolha: O primeiro passo para escapar do conformismo de grupo é reconhecer que os algoritmos criam bolhas de filtro.

Ter consciência de que as informações que vemos online são parcialmente manipuladas para se alinhar aos nossos interesses pode nos ajudar a questionar as fontes e buscar uma perspectiva mais ampla.

2   Diversificação de fontes de informação: Uma maneira de quebrar o ciclo do conformismo digital é procurar fontes de informação variadas e independentes.

Visitar plataformas de notícias de diferentes países e perspectivas, assinar newsletters acadêmicas e explorar conteúdos fora das redes sociais podem proporcionar uma visão mais completa sobre temas complexos.

3   Utilização crítica de redes sociais: Ao interagir em redes sociais, é importante manter uma postura crítica e reflexiva.

Questione as informações compartilhadas, verifique fontes e evite o compartilhamento automático de conteúdos que apelam para emoções extremas, como raiva ou indignação.

Essas são as reações mais exploradas pelos algoritmos para criar engajamento e gerar polarização.

4   Educação digital: A educação sobre como os algoritmos funcionam e como a IA influencia nossa visão de mundo deve ser incentivada.

Em vez de meros usuários passivos, as pessoas precisam aprender a ser consumidores críticos de tecnologia.

Incluir o entendimento básico de como a IA opera nas escolas e empresas poderia aumentar a resistência ao conformismo de grupo e diminuir a burrice coletiva.

9.4   Burrice tecnológica: entre a rejeição e a submissão cega à tecnologia.

Em uma era em que a tecnologia molda praticamente todos os aspectos de nossas vidas, a relação entre seres humanos e máquinas revela tanto nossas capacidades quanto nossas limitações.

Um dos fenômenos mais intrigantes e perturbadores deste contexto é o que chamamos de burrice tecnológica. Essa forma de burrice caracteriza-se pela incapacidade de adaptação às novas tecnologias, que se manifesta em duas vertentes opostas, mas igualmente prejudiciais: a rejeição à tecnologia e a confiança cega nos recursos tecnológicos.

Em ambos os casos, a relação disfuncional com a tecnologia gera obstáculos ao progresso individual e social, além de distorcer nossa compreensão e uso responsável das ferramentas digitais.

9.4.1   O Que é a burrice tecnológica?

A burrice tecnológica é a dificuldade em se adaptar ou em utilizar criticamente os recursos tecnológicos. Esse fenômeno ocorre quando um indivíduo, grupo ou sociedade falha em reconhecer tanto as limitações quanto os potenciais de uma tecnologia.

Ao contrário de uma abordagem equilibrada e crítica, onde as ferramentas são utilizadas com discernimento e análise, a burrice tecnológica pode ser dividida em duas tendências principais:

1   Rejeição tecnológica: resistência ou incapacidade de utilizar novas tecnologias, geralmente motivada por medo, desconfiança ou apego a práticas tradicionais.

2   Submissão cega à tecnologia: adesão irrefletida às ferramentas tecnológicas, onde se confia cegamente nos sistemas, sem considerar suas limitações, efeitos colaterais ou possíveis vieses.

Estas duas posturas, aparentemente opostas, compartilham a característica de uma visão acrítica da tecnologia — seja rejeitando suas contribuições ou depositando uma confiança excessiva em suas promessas.

Ambos os casos demonstram uma falha em reconhecer a complexidade das ferramentas digitais e das transformações que elas promovem.

9.4.2   Rejeição tecnológica: medo e desconfiança no progresso.

A rejeição à tecnologia, um aspecto clássico da burrice tecnológica, pode ser observada em indivíduos e grupos que se recusam a adotar novas ferramentas, preferindo métodos tradicionais.

Embora a resistência à mudança seja uma característica humana, a rejeição tecnológica se torna uma forma de burrice quando impede a adaptação necessária em uma sociedade onde o progresso tecnológico é parte integrante da vida cotidiana.

Exemplo clássico: o movimento dos Luditas no início do século XIX, na Inglaterra. Esse grupo de trabalhadores destruía máquinas industriais, temendo que elas lhes tirassem os empregos.

Embora houvesse uma razão válida para o medo de perder suas funções, a rejeição violenta e indiscriminada das máquinas representava uma resistência ao progresso econômico e à reconfiguração do trabalho humano.

No contexto moderno, a rejeição tecnológica se manifesta de maneiras mais sutis. Profissionais que resistem ao uso de softwares e automação, empresas que se recusam a adotar tecnologias de nuvem ou indivíduos que desdenham os benefícios da inteligência artificial estão, na prática, limitando suas próprias capacidades de evolução e desenvolvimento.

A resistência às novas tecnologias impede que as pessoas aproveitem as oportunidades de simplificação e otimização que essas ferramentas podem oferecer. Em última análise, essa postura pode tornar obsoleto o conhecimento técnico e profissional, enquanto o mundo continua a avançar.

Um caso emblemático desse tipo de rejeição ocorreu com a transição para o trabalho remoto durante a pandemia de COVID-19. Muitos profissionais e empresas resistiram ao uso de plataformas digitais para reuniões e comunicação, insistindo em métodos ultrapassados.

Essa resistência causou atrasos e dificuldades na adaptação a uma nova realidade, enquanto aqueles que rapidamente adotaram as tecnologias de comunicação remota puderam manter uma vantagem competitiva.

9.4.3 Submissão cega à tecnologia: quando a crítica se torna inexistente.

No outro extremo da burrice tecnológica está a submissão cega à tecnologia. Nesse caso, indivíduos e grupos abraçam a tecnologia com uma confiança excessiva, aceitando suas promessas e ferramentas sem questionamento.

Essa postura de "entrega total" à tecnologia é igualmente prejudicial, pois ignora as limitações, os vieses e os impactos éticos das ferramentas que usamos.

A submissão cega à tecnologia se manifesta em situações em que o usuário abdica da análise crítica, aceitando que a tecnologia resolva problemas complexos sem questionar as soluções oferecidas. A proliferação de sistemas de reconhecimento facial é um exemplo notável.

Embora o reconhecimento facial tenha utilidade em segurança, sua adoção indiscriminada e sem supervisão crítica tem levado a uma série de abusos de privacidade e a erros que afetam grupos específicos, principalmente minorias raciais.

Um relatório da American Civil Liberties Union (ACLU) mostrou que esses sistemas têm maior probabilidade de identificar incorretamente indivíduos de etnias minoritárias, uma falha diretamente ligada à confiança cega nas capacidades da tecnologia e à falta de supervisão humana.

Outro exemplo de submissão à tecnologia é o uso desenfreado de algoritmos de recrutamento em processos seletivos. Muitas empresas adotam ferramentas de inteligência artificial para analisar currículos e perfis de candidatos, confiando que os algoritmos sejam imparciais e precisos.

No entanto, estudos indicam que esses algoritmos podem estar carregados de vieses, uma vez que aprendem com dados históricos que refletem desigualdades e preconceitos. Ao confiar cegamente nessas ferramentas, muitas empresas ignoram o potencial discriminatório dos sistemas, o que prejudica a diversidade e a justiça nos processos de contratação.

9.4.4   A ilusão de neutralidade da tecnologia.

Um dos motivos que levam à burrice tecnológica, tanto pela rejeição quanto pela submissão, é a ilusão de neutralidade. Muitas pessoas, especialmente aquelas que aceitam a tecnologia sem crítica, acreditam que ela seja intrinsecamente imparcial, imune aos vieses humanos.

Contudo, toda tecnologia é produto de decisões e interpretações humanas e, por isso, carrega consigo os valores, limites e falhas de seus criadores.

A IA, por exemplo, depende de dados para operar. Quando os dados usados para treinar os modelos contêm vieses, a IA inevitavelmente reproduz esses vieses.

No caso da análise preditiva no sistema judiciário, algoritmos como o COMPAS foram projetados para prever a reincidência criminal, mas demonstraram uma tendência a penalizar mais duramente minorias raciais.

Este é um exemplo claro de como a confiança cega na "neutralidade" da IA pode levar a injustiças e amplificar preconceitos.

9.4.5   Dicas para evitar a burrice tecnológica.

1   Educação digital e técnica. Manter-se informado sobre o funcionamento básico das tecnologias que se utiliza é essencial. Isso não significa que todos precisam ser programadores, mas compreender o básico sobre algoritmos, IA e coleta de dados ajuda a cultivar um senso crítico.

2   Adoção gradual e teste. Para aqueles que têm receio da tecnologia, um método eficaz é a adoção gradual. Em vez de resistir completamente, explore as ferramentas em pequena escala antes de incorporá-las plenamente. Esse processo ajuda a reduzir o medo e permite uma adaptação gradual.

3   Pensamento crítico e análise de fontes. Sempre questione as fontes de uma tecnologia e considere suas possíveis implicações. Quem desenvolveu essa ferramenta? Com que propósito? Quais são as alternativas? Essas perguntas ajudam a evitar a confiança cega e promovem uma visão mais analítica.

4   Supervisão humana em processos automatizados. Nos casos em que a tecnologia é amplamente utilizada para decisões importantes, como nos sistemas de recrutamento, é vital que haja supervisão humana para identificar possíveis erros e vieses,

garantindo que a tecnologia seja uma ferramenta de apoio, e não um substituto da análise crítica.

5   Desenvolvimento de ética tecnológica. No contexto da inteligência artificial, é crucial considerar as implicações éticas de cada tecnologia. Empresas, governos e indivíduos devem implementar uma visão ética sobre as ferramentas digitais, considerando o impacto social e os potenciais riscos associados ao uso indiscriminado.

9.4.6   O paradoxo da burrice tecnológica no mundo digital

A burrice tecnológica representa um paradoxo da era digital: quanto mais dependemos da tecnologia, mais nos tornamos vulneráveis às suas armadilhas, seja pela rejeição ao progresso ou pela confiança cega em suas capacidades.

Em vez de adotar uma postura binária de aceitação ou rejeição, a chave está em uma relação equilibrada e criteriosa com as tecnologias que nos rodeiam.

Para evitar as armadilhas da burrice tecnológica, é necessário desenvolver uma mentalidade que se adapte às novas ferramentas de maneira consciente, crítica e analítica.

Em um mundo cada vez mais orientado por algoritmos, a capacidade de discernimento humano e o pensamento crítico tornam-se nossos maiores aliados para navegar com segurança no universo digital.

9.5   Conclusão.

A forma mais perigosa de ignorância talvez seja a burrice de quem nada sabe, mas crê firmemente em seu próprio conhecimento, fechando-se para o aprendizado e bloqueando a possibilidade de crescimento.

O Efeito Dunning-Kruger nos alerta sobre os riscos da confiança desmedida: ela não só perpetua erros, como também alimenta a desinformação. O antídoto para essa armadilha é a humildade intelectual aliada ao pensamento crítico e à valorização do aprendizado contínuo.

Reconhecendo nossas limitações e entendendo o conhecimento como um processo interminável, podemos nos proteger contra a arrogância ignorante e, assim, fomentar uma sociedade mais informada e reflexiva.

Por outro lado, o erudito empacado nos mostra um paradoxo inquietante: quanto mais conhecimento acumula, mais rígido ele pode se tornar.

O reconhecimento intelectual é admirável, mas também pode se transformar em uma prisão, onde o erudito se encontra confinado pelas mesmas ideias que outrora o levaram ao sucesso.

A verdadeira erudição não é apenas acumular saber, mas também a capacidade de abandonar certezas antigas e aceitar o novo — mesmo quando isso significa desafiar convicções solidificadas ao longo de décadas.

Finalmente, a burrice coletiva e a burrice tecnológica, ambas amplificadas pela IA, representam alguns dos desafios mais prementes de nossa era.

Se, por um lado, a conectividade e o poder da inteligência coletiva poderiam revolucionar nossa compreensão do mundo, por outro, as bolhas de filtro, o conformismo algorítmico e a submissão cega à tecnologia produzem o efeito oposto: polarização, desinformação e amplificação de erros cognitivos.

As plataformas digitais, que prometem facilitar a troca de conhecimento, tornaram-se máquinas de autoafirmação que reforçam a burrice coletiva e a confiança irrefletida na tecnologia em escala global.

No cerne deste dilema está a IA — uma ferramenta que, em vez de expandir nossos horizontes, frequentemente nos aprisiona nas limitações de nossa própria ignorância e nos condiciona a uma dependência passiva da tecnologia.

Ao multiplicar os ecos de nossas crenças prévias e alimentar nossa submissão à automação, a IA dificulta o diálogo genuíno e compromete o avanço do conhecimento coletivo.

10 Razões da burrice humana atual: emoções paleolíticas, instituições e tecnologia desafiadora.

A complexidade da "burrice humana" contemporânea não pode ser dissociada do longo processo evolutivo que moldou nossa espécie, especialmente em termos emocionais e sociais.

Para compreender as razões pelas quais a humanidade, em sua era tecnológica e científica, ainda comete tantos erros de julgamento, devemos olhar para a história evolutiva de nossa cognição e como ela se relaciona com as estruturas sociais e institucionais que construímos.

10.1 Emoções paleolíticas: a herança emocional de nossos ancestrais.

A mente humana foi moldada ao longo de milhões de anos de evolução. Nossos ancestrais enfrentavam ambientes extremamente desafiadores, onde a sobrevivência dependia de decisões rápidas, muitas vezes baseadas em emoções instintivas e reações automáticas.

Essas emoções, como o medo, a raiva, a ansiedade e a aversão à perda, tinham uma função essencial para a sobrevivência de nossos antepassados. No entanto, em um mundo tão radicalmente diferente daquele em que essas emoções evoluíram, elas frequentemente nos levam a comportamentos e julgamentos inadequados.

O psicólogo e biólogo evolucionista Leda Cosmides e o antropólogo John Tooby, em suas pesquisas sobre a psicologia evolucionária, argumentam que nossas emoções e reações cognitivas foram calibradas para um ambiente do Pleistoceno, um período conhecido como o Ambiente de Adaptação Evolutiva.

Nesse cenário, onde a vida humana era composta de pequenos grupos nômades, com recursos escassos e ameaças constantes, as respostas rápidas e emocionais faziam sentido.

A decisão de lutar ou fugir era uma questão de vida ou morte, e o pensamento de longo prazo raramente era necessário.

Contudo, as emoções paleolíticas que foram altamente vantajosas em um ambiente primitivo são frequentemente desadaptativas em nosso mundo moderno.

A aversão ao risco, por exemplo, que nos impedia de correr perigos desnecessários no passado, agora pode nos levar a decisões irracionais em questões financeiras ou profissionais.

O medo exagerado de rejeição social, que outrora era crucial para a sobrevivência em pequenos grupos, agora gera ansiedade crônica em uma sociedade de redes sociais e constante exposição pública.

Além disso, a tendência a superestimar ameaças e a reagir de forma agressiva ou defensiva — uma característica evolutiva que nos protegeu de predadores e inimigos — muitas vezes se manifesta como intolerância e agressividade em situações em que o diálogo e a negociação seriam mais apropriados.

Esse descompasso entre nossas emoções primitivas e o mundo contemporâneo é uma das razões pelas quais a "burrice" humana se perpetua em vários aspectos da vida moderna.

10.2   Instituições e suas limitações cognitivas.

Se, por um lado, nossas emoções paleolíticas ainda moldam grande parte de nossos comportamentos irracionais, por outro, as instituições que criamos ao longo da história nem sempre ajudam a mitigar esses impulsos.

As instituições, desde governos e sistemas legais até empresas e escolas, foram construídas para organizar a sociedade e tentar proporcionar estabilidade e ordem.

No entanto, elas também são reflexo das limitações humanas, tanto cognitivas quanto sociais, e frequentemente reproduzem ou até ampliam os erros de julgamento que surgem de nossos instintos emocionais primitivos.

Um exemplo claro disso são as estruturas de poder dentro das instituições. Muitas vezes, os processos de tomada de decisão em grandes corporações ou governos estão sujeitos a dinâmicas de grupo que podem favorecer o conformismo, o pensamento de grupo (groupthink) e a manutenção do status quo.

Isso ocorre porque os seres humanos, ao longo de sua evolução, desenvolveram uma forte tendência à conformidade social, um mecanismo adaptativo que, em ambientes pré-históricos, promovia a coesão do grupo e aumentava as chances de sobrevivência.

No entanto, em ambientes institucionais, essa tendência pode levar à falta de inovação, à perpetuação de políticas ineficazes e à resistência a mudanças necessárias.

O economista comportamental Richard Thaler e o advogado Cass Sunstein exploram essas questões em seu livro Nudge (2008), onde mostram como muitas decisões institucionais são influenciadas por erros cognitivos, como a falta de previsão dos comportamentos humanos em situações complexas.

Por exemplo, políticas públicas mal formuladas podem não considerar as verdadeiras motivações e limitações dos cidadãos, resultando em ineficiência e fracasso na implementação.

Além disso, as instituições modernas frequentemente não conseguem lidar com a complexidade da interconectividade global, exacerbando o impacto de decisões erradas em uma escala muito maior do que as tribos pré-históricas jamais poderiam experimentar.

A falta de preparação para crises econômicas, pandemias e mudanças climáticas são exemplos de como instituições, muitas vezes baseadas em incentivos de curto prazo, falham em abordar problemas de longo prazo que requerem planejamento cuidadoso e raciocínio sofisticado.

Em muitas dessas situações, o comportamento institucional reflete a "burrice" coletiva que surge da interação entre nossas emoções paleolíticas e as pressões modernas.

10.3   Tecnologia e o desafio cognitivo.

Se nossas emoções são anacrônicas em muitos aspectos e nossas instituições são reflexo de nossas limitações, a revolução tecnológica é um terceiro fator que amplifica as falhas cognitivas humanas.

O rápido desenvolvimento tecnológico, em especial no último século, criou um mundo radicalmente diferente daquele para o qual nossa mente foi programada. A tecnologia não apenas alterou a maneira como interagimos com o mundo, mas também desafiou nossa capacidade de adaptação cognitiva.

A economia digital, o uso de inteligência artificial (IA) e o crescimento das redes sociais introduziram novos desafios cognitivos, muitos dos quais exacerbam as falhas da cognição humana. Por exemplo, a sobrecarga de informações — ou infodemia — cria uma dificuldade crescente para as pessoas distinguirem informações relevantes de irrelevantes, verdadeiras de falsas.

O cérebro humano, projetado para processar quantidades relativamente pequenas de informações, agora enfrenta um bombardeio constante de estímulos e dados. Em resposta, muitos acabam recorrendo a atalhos mentais ou heurísticas que, embora úteis no passado, muitas vezes conduzem a decisões erradas em contextos modernos.

As redes sociais, em particular, são um terreno fértil para a amplificação de emoções paleolíticas, como medo, raiva e tribalismo. O design dessas plataformas, que privilegia o conteúdo mais emocional e polarizador, reforça a tendência humana de reagir instintivamente e de buscar conforto em grupos que compartilham suas crenças, independentemente de sua veracidade.

Como resultado, a tecnologia, em vez de ampliar nossa capacidade de raciocínio, frequentemente exacerba nossos vieses e limitações cognitivas, criando um ciclo de desinformação e comportamento irracional.

A tensão entre a rápida evolução da tecnologia e a lenta adaptação de nossos processos cognitivos é uma das principais razões pelas quais a "burrice" humana atual parece tão prevalente.

Enquanto a tecnologia continua a avançar em um ritmo exponencial, nossas mentes e instituições, presas em um compasso evolutivo mais lento, lutam para acompanhar.

10.4 Conclusão.

As razões para a burrice humana contemporânea estão enraizadas em um descompasso entre nossa biologia emocional, as instituições que construímos e o mundo tecnológico que criamos. Nossas emoções paleolíticas, moldadas para um ambiente de caça e sobrevivência, muitas vezes colidem com as demandas complexas e abstratas da vida moderna. A

s instituições que deveriam ajudar a organizar e mitigar esses impulsos falham devido a suas próprias limitações cognitivas e estruturais. E, por fim, a tecnologia, ao invés de corrigir essas falhas, muitas vezes as amplifica, criando um ambiente ainda mais desafiador para a cognição humana.

Entender esse panorama é o primeiro passo para desenvolver estratégias que nos ajudem a mitigar os impactos dessa "burrice" contemporânea.

Isso requer não apenas consciência de nossas limitações, mas também esforços coordenados para repensar como desenhamos nossas instituições, como lidamos com a tecnologia e como aprendemos a controlar nossas emoções, transcendendo os instintos primitivos que muitas vezes nos guiam.

11 Burrice humana versus inteligência artificial: o confronto das mentes.

A ascensão da inteligência artificial (IA) nas últimas décadas trouxe à tona uma série de reflexões sobre a capacidade humana e sua relação com as máquinas.

O contraste entre a chamada "burrice humana" — nossas falhas cognitivas, emocionais e de julgamento — e a crescente eficiência da IA levanta questões fundamentais sobre os limites da mente humana, a natureza da inteligência e o papel das máquinas no futuro da humanidade.

11.1 Inteligência artificial: a precisa execução de algoritmos.

A inteligência artificial, especialmente nas suas formas mais avançadas, como o aprendizado de máquina (machine learning) e as redes neurais profundas, se caracteriza por sua capacidade de processar grandes quantidades de dados de forma incrivelmente rápida e precisa.

Ao contrário dos seres humanos, que são propensos a erros de julgamento, vieses emocionais e limitações de memória, a IA segue algoritmos rigorosamente definidos.

Ela pode reconhecer padrões complexos, aprender com exemplos e otimizar suas respostas com base em feedback constante, tudo sem o peso de distrações ou emoções que afetam a mente humana.

Em campos como a medicina, a IA já está se mostrando uma ferramenta poderosa. Sistemas de diagnóstico baseados em IA, como o Watson, da IBM, podem processar milhares de artigos científicos, casos médicos e dados de pacientes em minutos, identificando correlações e propondo diagnósticos mais precisos do que muitos profissionais humanos.

O que diferencia a IA nesse contexto é sua capacidade de considerar uma quantidade massiva de informações sem se perder em vieses emocionais ou cognitivos que os médicos humanos inevitavelmente carregam. Isso nos leva à primeira questão central desse confronto: se a IA consegue realizar tarefas com mais precisão, eficiência e velocidade, o que resta à inteligência humana?

11.2   A burrice humana: falhas e limitações cognitivas.

A mente humana, embora notavelmente flexível e criativa, é limitada por uma série de falhas cognitivas e emocionais. Daniel Kahneman, em seu livro Rápido e Devagar: Duas Formas de Pensar, mostra como os humanos são frequentemente vítimas de vieses inconscientes, como o viés de confirmação, que nos leva a procurar e interpretar informações que sustentem nossas crenças preexistentes, ignorando dados que as contradizem.

Também somos propensos a atalhos mentais — heurísticas que nos ajudam a tomar decisões rápidas, mas muitas vezes nos levam a erros.

A sobrecarga cognitiva é outro fator limitante. Diferentemente da IA, que pode processar simultaneamente uma quantidade enorme de dados, o ser humano consegue focar em apenas uma quantidade limitada de informações de cada vez.

Quando expostos a múltiplas fontes de dados, como acontece em contextos de tomada de decisão complexa, frequentemente sofremos de paralisia de análise ou tomamos decisões baseadas em emoções imediatas em vez de raciocínio lógico.

No entanto, talvez o maior contraste entre burrice humana e inteligência artificial seja a influência das emoções. Enquanto a IA é fria e calculista, o ser humano é profundamente guiado por suas emoções, que muitas vezes distorcem o julgamento e levam a decisões irracionais.

Em situações de pressão, por exemplo, o medo pode nos levar a decisões impulsivas e mal fundamentadas. Paradoxalmente, essas mesmas emoções, que tantas vezes nos conduzem a erros, são também o que alimenta a criatividade, a empatia e a inovação, qualidades que a IA, até agora, não pode replicar.

11.3 Criatividade humana e a limitação da IA.

Embora a IA supere os humanos em tarefas que exigem processamento massivo de dados ou otimização de padrões, ainda há áreas em que a mente humana se destaca — a principal delas é a criatividade.

Embora existam IAs capazes de gerar arte, compor música ou escrever textos, elas fazem isso com base em dados e padrões pré-existentes. A verdadeira inovação, aquela que rompe com paradigmas, surge da capacidade humana de combinar ideias aparentemente desconexas, de sonhar com o impossível e de desafiar as normas.

A história está repleta de exemplos de criatividade humana que parecem estar além das capacidades atuais da IA. As grandes inovações de cientistas como Albert Einstein ou artistas como Pablo Picasso emergiram não de processos racionais e calculistas, mas de saltos intuitivos e insights criativos.

A IA pode imitar esses processos, mas até agora não há evidência de que ela seja capaz de gerar o tipo de criatividade radical que redefine campos inteiros de conhecimento ou arte.

Esse contraste entre a precisão da IA e a criatividade humana nos leva a um dilema ético e existencial: à medida que a IA se torna mais eficiente em tarefas tradicionalmente humanas, como diagnóstico médico, gestão de dados ou até a criação de conteúdo, qual será o papel da inteligência humana em um futuro dominado pela tecnologia?

11.4   Ética e autonomia: o futuro das decisões.

À medida que a IA continua a avançar e a assumir tarefas mais complexas, surge a questão de até que ponto devemos delegar o controle à máquina.

A "burrice humana" é, sem dúvida, uma limitação significativa, especialmente em áreas onde os erros podem ter consequências graves, como na medicina ou no controle de tráfego aéreo. No entanto, há um perigo inerente em confiar excessivamente na IA para tomar decisões críticas, especialmente em campos que envolvem dilemas éticos ou escolhas morais.

A IA, sendo baseada em algoritmos, opera dentro de um conjunto de parâmetros definidos por seus programadores.

Esses parâmetros refletem necessariamente os valores, vieses e limitações humanas. Assim, mesmo quando a IA parece "neutra", ela está seguindo regras que, no final das contas, são construções humanas.

O problema surge quando as máquinas são usadas para tomar decisões que exigem uma sensibilidade ética que vai além da lógica binária. Decisões sobre justiça, equidade e valores humanos ainda estão além das capacidades da IA, e há o risco de que, ao delegar tais decisões a sistemas automatizados, acabemos criando novos problemas éticos.

A autonomia humana é outro ponto crítico.

À medida que a IA assume mais responsabilidades, desde a gestão de tráfego até o controle de sistemas financeiros, corre-se o risco de reduzir a agência humana, tornando-nos cada vez mais dependentes de sistemas que não compreendemos totalmente.

Isso pode levar a uma situação de alienação tecnológica, na qual as pessoas perdem o controle de suas próprias vidas e se tornam passivas diante das decisões tomadas por máquinas.

Esse cenário já pode ser visto em menor escala nas decisões tomadas por algoritmos em plataformas de mídia social, que determinam o que consumimos, o que vemos e, em última análise, como interagimos com o mundo.

11.5   O Futuro da interação entre humanos e IA.

O confronto entre a burrice humana e a inteligência artificial não precisa ser uma batalha na qual um vence o outro. Em vez disso, a verdadeira solução pode estar na colaboração entre as duas formas de inteligência.

A IA pode compensar nossas fraquezas cognitivas — nosso viés, nossa incapacidade de processar grandes quantidades de dados, nossa lentidão em certas tarefas —, enquanto os humanos podem fornecer a criatividade, a intuição e a sensibilidade ética que as máquinas ainda não possuem.

A chave para essa colaboração reside em encontrar um equilíbrio que permita à IA atuar como uma ferramenta para a humanidade, e não como um substituto.

À medida que aprendemos a reconhecer nossas próprias limitações cognitivas e a integrar a IA de maneira responsável em nossa sociedade, podemos começar a construir um futuro em que a burrice humana e a inteligência artificial se complementem, em vez de se confrontarem.

11.6   Conclusão.

A burrice humana, com suas falhas e limitações, é uma parte inerente da nossa condição, mas também é o que nos torna criativos, inovadores e eticamente sensíveis. A IA, por sua vez, oferece uma forma de inteligência implacável, precisa e imparcial, mas carece de emoção, criatividade e sensibilidade moral.

O verdadeiro desafio para o futuro não é simplesmente substituir uma inteligência pela outra, mas aprender a combinar o melhor dos dois mundos: a capacidade analítica das máquinas com a profundidade emocional e a intuição dos humanos.

12 O futuro da burrice humana versus o futuro da inteligência artificial: rumo à convergência ou colapso?

Ao olharmos para o futuro da humanidade em meio ao rápido desenvolvimento da inteligência artificial (IA), surge uma questão provocativa: como a burrice humana e suas limitações cognitivas, emocionais e institucionais irão se relacionar com a crescente capacidade das máquinas? A burrice humana no futuro: persistência ou superação?

Apesar dos avanços tecnológicos e científicos, a "burrice humana" — entendida como nossas falhas cognitivas, vieses emocionais e limitações sociais — parece ser uma constante na história da civilização.

No entanto, à medida que olhamos para o futuro, a questão que surge é se essas limitações serão atenuadas ou exacerbadas pelas condições do mundo moderno e pelo desenvolvimento da IA.

1. Persistência da b: vieses e emoções anacrônicas.

Nossas emoções paleolíticas, como mencionado anteriormente, continuarão a desempenhar um papel significativo no comportamento humano.

Mesmo que tenhamos a IA para ajudar na tomada de decisões baseadas em dados, a tendência humana de reagir emocionalmente e tomar atalhos cognitivos poderá persistir.

As redes sociais e os algoritmos que promovem o conteúdo mais emocionalmente provocativo são exemplos de como a tecnologia pode reforçar nossos vieses naturais, como o viés de confirmação ou o pensamento tribal. No futuro, o ambiente digital, movido por IA, pode se tornar ainda mais complexo, aprofundando os efeitos das bolhas de informação e da polarização social.

Além disso, a sobrecarga de informações continuará sendo um problema central. A capacidade humana de processar dados tem seus limites, e o volume de informações que enfrentamos no dia a dia só tende a aumentar.

Em um cenário em que a IA está profundamente integrada em nossas vidas, os humanos poderão continuar a confiar em heurísticas e instintos emocionais para navegar por esse ambiente informacional, perpetuando erros de julgamento e decisões impulsivas.

2. Superação da burrice humana: tecnologia e educação como ferramentas.

Por outro lado, o futuro pode trazer oportunidades de superação dessas limitações, com a tecnologia sendo usada de maneira inteligente para mitigar nossas falhas cognitivas.

A educação, aprimorada por tecnologias de IA personalizadas, poderia ser uma poderosa ferramenta para treinar habilidades críticas de pensamento, raciocínio lógico e regulação emocional desde a infância.

Além disso, a IA pode agir como uma espécie de "prótese cognitiva", compensando nossas limitações e orientando as decisões humanas. Imagine sistemas de IA projetados para identificar e alertar os usuários sobre possíveis vieses em suas decisões, ou para sugerir soluções mais racionais e equilibradas em situações de conflito.

Nesse cenário, a IA não substitui o julgamento humano, mas atua como um parceiro crítico, ajudando a corrigir nossos instintos errôneos e a melhorar nossas escolhas cotidianas.

Porém, mesmo com essa evolução, é importante reconhecer que a "burrice" humana, em muitos casos, está enraizada não apenas na biologia, mas também nas dinâmicas sociais e institucionais.

Reformas sociais e mudanças nas estruturas de poder seriam necessárias para que os benefícios dessas tecnologias fossem distribuídos de forma equitativa, sem reforçar desigualdades ou novos tipos de opressão.

12.1 O Futuro da inteligência artificial: crescimento, limites e possíveis perigos.

Se, por um lado, o futuro da burrice humana parece seguir uma trajetória de persistência com potencial de superação, por outro lado, a inteligência artificial continuará a avançar rapidamente, trazendo à tona uma série de questões e desafios.

1. IA superinteligente: o crescimento da capacidade cognitiva das máquinas.

O desenvolvimento da IA superinteligente, que teoricamente seria capaz de ultrapassar a inteligência humana em praticamente todos os aspectos, é um dos cenários mais amplamente discutidos por futuristas e especialistas em IA.

Pensadores como Nick Bostrom e Elon Musk alertam para os perigos de se criar uma IA que possa agir de maneira autônoma e imprevisível, especialmente se seus objetivos não estiverem alinhados com os valores e interesses humanos.

Se uma IA com capacidades superinteligentes for criada, ela poderá tomar decisões em uma escala e em uma velocidade que os humanos não conseguem acompanhar. Isso poderia resultar em um descompasso entre as intenções humanas e os resultados obtidos pelas máquinas, levando a consequências não intencionais, como crises econômicas, políticas ou ecológicas.

Mesmo com boas intenções, as decisões da IA, se mal programadas ou mal supervisionadas, poderiam ter efeitos desastrosos.

2. Limites da IA: criatividade, emoção e ética.

Apesar de todo o seu potencial, a IA ainda enfrenta limitações significativas, principalmente em áreas que envolvem criatividade, emoção e decisões éticas.

A criatividade humana, como mencionado anteriormente, é profundamente impulsionada por nossas emoções, intuição e experiências vividas — elementos que a IA, por mais avançada que seja, ainda não consegue replicar de forma genuína.

A IA pode ser excelente em identificar padrões ou gerar inovações incrementais, mas o tipo de criatividade que leva a mudanças radicais e disruptivas na ciência ou nas artes ainda parece estar além de suas capacidades.

Além disso, os sistemas de IA não possuem experiência vivida ou consciência emocional, o que limita sua capacidade de tomar decisões éticas complexas que envolvam julgamentos morais ou empatia.

Por isso, o futuro da IA deve ser visto com cautela: por mais que a tecnologia avance, ainda haverá aspectos da existência humana que serão irreproduzíveis por máquinas.

Em áreas como a ética médica ou jurídica, onde as decisões envolvem o bem-estar humano em um nível profundo, é improvável que os humanos renunciem a seu papel central em favor de uma IA insensível às nuances emocionais e morais da vida humana.

3. Perigos e dilemas: autonomia e controle.

O futuro da IA também levanta questões preocupantes sobre autonomia e controle. O quanto da nossa liberdade e autonomia individual estamos dispostos a sacrificar em nome da eficiência e precisão oferecidas pelas máquinas?

No campo da automação, por exemplo, sistemas de IA já estão substituindo trabalhadores humanos em várias indústrias. O risco aqui não é apenas o deslocamento econômico, mas também a criação de uma sociedade onde decisões importantes — desde diagnósticos médicos até sentenças jurídicas — são delegadas a sistemas automatizados, potencialmente reduzindo a agência e o controle dos indivíduos sobre suas próprias vidas.

Além disso, há o risco de vigilância e controle social. Governos e corporações, armados com IA avançada, podem usar essa tecnologia para monitorar, prever e manipular comportamentos em uma escala sem precedentes.

Esse é um dos maiores perigos do futuro da IA, pois a capacidade de controlar dados e informações em massa pode facilmente ser usada para suprimir liberdades individuais e ampliar o poder daqueles que já estão no controle das estruturas sociais.

12.2   A convergência possível: humanos e IA colaborando para o futuro.

Em vez de tratar a burrice humana e a IA como forças antagônicas, o futuro pode estar em uma convergência colaborativa. O cenário ideal é aquele em que humanos e máquinas trabalham juntos, onde a IA é usada para complementar nossas capacidades e corrigir nossas falhas, sem eliminar a importância da intuição, criatividade e sensibilidade humana.

Esse tipo de interação já está sendo vislumbrado em áreas como a medicina, onde a IA é usada para auxiliar, mas não substituir, os médicos.

A chave para esse futuro colaborativo está em garantir que a IA seja desenvolvida de forma ética e transparente, com mecanismos claros de supervisão e controle.

Isso requer uma abordagem cuidadosa, na qual o foco esteja em melhorar a vida humana sem comprometer nossa autonomia ou identidade.

Governos, cientistas, empresas e a sociedade em geral precisam se engajar em debates éticos profundos sobre o uso da IA, para que o futuro da burrice humana e o da IA possam se entrelaçar de forma harmoniosa, em vez de colidir em um confronto destrutivo.

12.3   Conclusão.

O futuro da burrice humana e da inteligência artificial não precisa ser um embate de forças opostas. Em vez disso, há a possibilidade de que, se gerenciarmos com sabedoria, a IA possa ajudar a humanidade a superar algumas de suas limitações mais graves, como nossos vieses cognitivos e emocionais.

Ao mesmo tempo, a humanidade deve preservar e valorizar as qualidades únicas que nos tornam criativos, éticos e conscientes de nossa própria existência.

A verdadeira pergunta é: até que ponto estamos preparados para abraçar essa convergência sem perder de vista o que significa ser humano?

13 Conclusão.

Ao longo deste livro, exploramos o confronto entre a burrice humana e a inteligência artificial, examinando as falhas cognitivas, os vieses e os desafios éticos que surgem quando o ser humano interage com sistemas de IA.

Abordamos conceitos fundamentais, como o Efeito Dunning-Kruger, a burrice coletiva, a burrice moral e a burrice tecnológica, revelando como esses erros de julgamento e limitações de raciocínio não só limitam a eficácia da IA, mas também colocam em risco decisões, processos e, em última análise, o bem-estar coletivo.

Vimos que a burrice coletiva, intensificada por algoritmos de recomendação, cria bolhas de desinformação e amplifica o conformismo, enquanto a burrice tecnológica pode levar à rejeição ou à adoção cega de tecnologias sem análise crítica.

Além disso, a burrice moral alerta para os dilemas éticos que surgem em um contexto em que decisões de grande impacto são delegadas a sistemas de IA potencialmente insensíveis às nuances humanas.

Esses capítulos nos conduziram a uma reflexão essencial: a tecnologia, por mais avançada que seja, só será realmente útil e segura se estiver alinhada com uma compreensão crítica das limitações humanas que a acompanham.

Este livro serve como uma introdução abrangente às complexas interações entre a IA e as falhas humanas, convidando o leitor a enxergar o campo da inteligência artificial sob uma perspectiva mais profunda e crítica.

No entanto, este é apenas um passo de uma jornada essencial no campo da inteligência artificial. Este volume faz parte de uma coleção maior, "Inteligência Artificial: O Poder dos Dados", que explora, em profundidade, diferentes aspectos da IA e da ciência de dados.

Os demais volumes abordam temas igualmente cruciais, como a integração de sistemas de IA, a análise preditiva e o uso de algoritmos avançados para tomada de decisões.

Cada livro da coleção examina uma peça fundamental do vasto mosaico que compõe o mundo da IA oferecendo ao leitor as ferramentas necessárias para navegar e dominar essa tecnologia em constante evolução.

Ao adquirir e ler os demais livros da coleção, você terá uma visão holística e profunda que permitirá não só otimizar a governança de dados, mas também potencializar o impacto da inteligência artificial nas suas operações.

14 Referências bibliográficas.

ACLU. The Perils of Facial Recognition Technology. American Civil Liberties Union, 2020.

ARISTÓTELES. De Anima. Hackett Publishing Company, Inc., 2017.

ASCH, Solomon E. Opinions and Social Pressure. Scientific American, 1955.

BASAGLIA, Franco. A Instituição Negada: Relato de um Hospital Psiquiátrico. Graal, 1985.

BAXTER, Paula; MOUZES, Georgina. Assistive Technology in Special Education: Resources to Support Literacy, Communication, and Learning Differences. Routledge, 2016.

BECK, Aaron T. Cognitive Therapy and the Emotional Disorders. International Universities Press, 1976.

BOSTROM, Nick. Superintelligence: Paths, Dangers, Strategies. Oxford University Press, 2014.

BOURDIEU, Pierre. Distinction: A Social Critique of the Judgement of Taste. Routledge, 1984.

BOYD, Dana; CRAWFORD, Kate. Critical Questions for Big Data: Provocations for a Cultural, Technological, and Scholarly Phenomenon. Information, Communication & Society, 2012.

BRASIL. Lei Brasileira de Inclusão da Pessoa com Deficiência (Estatuto da Pessoa com Deficiência), Lei n. 13.146, de 6 de julho de 2015. Brasília, DF: Presidência da República, 2015.

BRYNJOLFSSON, Erik; MCAFEE, Andrew. The Second Machine Age: Work, Progress, and Prosper

CAVANAUGH, Maureen. Acting Normal: Breaking Bad and the Rise of RJ Mitte. New York Press, 2016.

CENTER FOR COUNTERING DIGITAL HATE. Pandemic Profiteers: The business of anti-vaxx. CCDH, 2020.

COSMIDES, Leda; TOOBY, John. The Adapted Mind: Evolutionary Psychology and the Generation of Culture. Oxford University Press, 1992.

DAMASIO, Antonio. Descartes' Error: Emotion, Reason, and the Human Brain. Penguin Books, 2005.

DESCARTES, René. Meditations and Other Metaphysical Writings. Penguin Classics, 1999.

DUNNING, David; KRUGER, Justin. Unskilled and Unaware of It: How Difficulties in Recognizing One's Own Incompetence Lead to Inflated Self-Assessments. Journal of Personality and Social Psychology, 1999.

DUNNING, David; KRUGER, Justin. Unskilled and Unaware of It: How Difficulties in Recognizing One's Own Incompetence Lead to Inflated Self-Assessments. Journal of Personality and Social Psychology, 1999.

FREUD, Sigmund. The Ego and the Id. W. W. Norton & Company, 1990.

GARDNER, Howard. Multiple Intelligences: New Horizons in Theory and Practice. Basic Books, 2006.

GOLEMAN, Daniel. Inteligência Emocional. Objetiva, 1995.

GRANDIN, Temple. Thinking in Pictures: My Life with Autism. Vintage, 2006.

GROSS, Alan. The Drawing Genius: Stephen Wiltshire's World from Memory. Phaidon Press, 2007.

HARARI, Yuval Noah. 21 Lições para o Século 21. Companhia das Letras, 2018.

HARARI, Yuval Noah. Homo Deus: A Brief History of Tomorrow. Harper, 2017.

HARARI, Yuval Noah. Sapiens: A Brief History of Humankind. Harper, 2015.

HEIDEGGER, Martin. Being and Time: A Revised Edition of the Stambaugh Translation. State University of New York Press, 2010.

HUSSERL, Edmund. Ideas for a Pure Phenomenology and Phenomenological Philosophy. Hackett Publishing Company, Inc., 2014.

JAMES, William. The Principles of Psychology. CreateSpace Independent Publishing Platform, 2017.

JUNG, Carl G. Man and His Symbols. Aldus Books Limited, 1971.

KABAT-ZINN, Jon. Mindfulness for Beginners: Reclaiming the Present Moment — and Your Life. Sounds True, 2012.

KAHNEMAN, Daniel. Thinking, Fast and Slow. Farrar, Straus and Giroux, 2011.

KANT, Immanuel. Critique of Pure Reason. Penguin Classics, 2008.

LACAN, Jacques. Écrits: The First Complete Edition in English. W. W. Norton & Company, 2007.

MANN, Chris. Ironman: One Man's Journey to Overcome Obstacles. HarperCollins, 2021.

MARR, Bernard. Artificial Intelligence in Practice: How 50 Successful Companies Used AI and Machine Learning to Solve Problems. Wiley, 2019.

MERLEAU-PONTY, Maurice. The World of Perception. Routledge, 2008.

MIRANDA, Ana Beatriz Vargas de. Educação Inclusiva: Reflexões e Práticas. Vozes, 2010.

MÜLLER, Vincent C. Philosophy and Theory of Artificial Intelligence 2017. Springer, 2018.

NEWTON, Isaac. The Correspondence of Isaac Newton. Volume III. Cambridge University Press, 1959.

NUSSBAUM, Martha. Upheavals of Thought: The Intelligence of Emotions. Cambridge University Press, 2003.

O'NEIL, Cathy. Weapons of Math Destruction: How Big Data Increases Inequality and Threatens Democracy. Crown, 2016.

OLIVER, Michael. The Politics of Disablement: A Sociological Approach. Macmillan International Higher Education, 1990.

ONU. Convenção sobre os Direitos das Pessoas com Deficiência. Nações Unidas, 2006.

ORGANIZAÇÃO MUNDIAL DA SAÚDE (OMS). Relatório Mundial sobre Deficiência. Organização Mundial da Saúde, 2011.

PARISER, Eli. The Filter Bubble: What the Internet Is Hiding from You. Penguin Press, 2011.

PLANCK, Max. Scientific Autobiography and Other Papers. Philosophical Library, 1949.

POPPER, Karl. The Logic of Scientific Discovery. Routledge, 2002.

RUTTER, Michael. Autism: A Very Short Introduction. Oxford University Press, 2013.

RYLE, Gilbert. The Concept of Mind. Routledge, 2009.

SINGER, Judy. Neurodiversity: The Birth of an Idea. Kindle Edition, 2016.

SOCRATES (Plato). Apology. In: The Dialogues of Plato. Oxford University Press, 1997.

SUNSTEIN, Cass R. Republic: Divided Democracy in the Age of Social Media. Princeton University Press, 2017.

TEGMARK, Max. Life 3.0: Being Human in the Age of Artificial Intelligence. Vintage,2017.

TESLER, Larry. Cognition and Categorization. Lawrence Erlbaum Associates, 1977.

THALER, Richard H.; SUNSTEIN, Cass R. Nudge: Improving Decisions About Health, Wealth, and Happiness. Yale University Press, 2008.

TURKSTRA, Lyn. Technologies for Cognitive Disabilities: Integrating Assistive Technologies into Everyday Life. Springer, 2019.

TURNBULL, Ann. Exceptional Lives: Special Education in Today's Schools. Pearson, 2019.

TUSTIN, Frances. Autism and Childhood Psychosis. Hogarth Press, 1972.

UNESCO. Declaração de Salamanca e Linha de Ação sobre Necessidades Educativas Especiais. UNESCO, 1994.

UNESCO. Inclusão e Educação: Todos Sem Exceção. UNESCO, 2020.

WITTGENSTEIN, Ludwig. Tractatus Logico-Philosophicus. Dover Publications, 1998.

15 Descubra a Coleção Completa "Inteligência Artificial e o Poder dos Dados" – Um Convite para Transformar sua Carreira e Conhecimento.

A Coleção "Inteligência Artificial e o Poder dos Dados" foi criada para quem deseja não apenas entender a Inteligência Artificial (IA), mas também aplicá-la de forma estratégica e prática.

Em uma série de volumes cuidadosamente elaborados, desvendo conceitos complexos de maneira clara e acessível, garantindo ao leitor uma compreensão completa da IA e de seu impacto nas sociedades modernas.

Não importa seu nível de familiaridade com o tema: esta coleção transforma o difícil em didático, o teórico em aplicável e o técnico em algo poderoso para sua carreira.

15.1 Por Que Comprar Esta Coleção?

Estamos vivendo uma revolução tecnológica sem precedentes, onde a IA é a força motriz em áreas como medicina, finanças, educação, governo e entretenimento.

A coleção "Inteligência Artificial e o Poder dos Dados" mergulha profundamente em todos esses setores, com exemplos práticos e reflexões que vão muito além dos conceitos tradicionais.

Você encontrará tanto o conhecimento técnico quanto as implicações éticas e sociais da IA incentivando você a ver essa tecnologia não apenas como uma ferramenta, mas como um verdadeiro agente de transformação.

Cada volume é uma peça fundamental deste quebra-cabeça inovador: do aprendizado de máquina à governança de dados e da ética à aplicação prática.

Com a orientação de um autor experiente, que combina pesquisa acadêmica com anos de atuação prática, esta coleção é mais do que um conjunto de livros – é um guia indispensável para quem quer navegar e se destacar nesse campo em expansão.

15.2   Público-Alvo desta Coleção?

Esta coleção é para todos que desejam ter um papel de destaque na era da IA:

✓ Profissionais da Tecnologia: recebem insights técnicos profundos para expandir suas habilidades.

✓ Estudantes e Curiosos: têm acesso a explicações claras que facilitam o entendimento do complexo universo da IA.

✓ Gestores, líderes empresariais e formuladores de políticas também se beneficiarão da visão estratégica sobre a IA, essencial para a tomada de decisões bem-informadas.

✓ Profissionais em Transição de Carreira: Profissionais em transição de carreira ou interessados em se especializar em IA encontram aqui um material completo para construir sua trajetória de aprendizado.

15.3   Muito Mais do Que Técnica – Uma Transformação Completa.

Esta coleção não é apenas uma série de livros técnicos; é uma ferramenta de crescimento intelectual e profissional.

Com ela, você vai muito além da teoria: cada volume convida a uma reflexão profunda sobre o futuro da humanidade em um mundo onde máquinas e algoritmos estão cada vez mais presentes.

Este é o seu convite para dominar o conhecimento que vai definir o futuro e se tornar parte da transformação que a Inteligência Artificial traz ao mundo.

Seja um líder em seu setor, domine as habilidades que o mercado exige e prepare-se para o futuro com a coleção "Inteligência Artificial e o Poder dos Dados".

Esta não é apenas uma compra; é um investimento decisivo na sua jornada de aprendizado e desenvolvimento profissional.

Prof. Marcão - Marcus Vinícius Pinto

Mestre em Tecnologia da Informação.
Especialista em Inteligência Artificial, Governança de Dados e Arquitetura de Informação.

16 Os Livros da Coleção.

16.1 Dados, Informação e Conhecimento na era da Inteligência Artificial.

Este livro explora de forma essencial as bases teóricas e práticas da Inteligência Artificial, desde a coleta de dados até sua transformação em inteligência. Ele foca, principalmente, no aprendizado de máquina, no treinamento de IA e nas redes neurais.

16.2 Dos Dados em Ouro: Como Transformar Informação em Sabedoria na Era da IA.

Este livro oferece uma análise crítica sobre a evolução da Inteligência Artificial, desde os dados brutos até a criação de sabedoria artificial, integrando redes neurais, aprendizado profundo e modelagem de conhecimento.

Apresenta exemplos práticos em saúde, finanças e educação, e aborda desafios éticos e técnicos.

16.3 Desafios e Limitações dos Dados na IA.

O livro oferece uma análise profunda sobre o papel dos dados no desenvolvimento da IA explorando temas como qualidade, viés, privacidade, segurança e escalabilidade com estudos de caso práticos em saúde, finanças e segurança pública.

16.4 Dados Históricos em Bases de Dados para IA: Estruturas, Preservação e Expurgo.

Este livro investiga como a gestão de dados históricos é essencial para o sucesso de projetos de IA. Aborda a relevância das normas ISO para garantir qualidade e segurança, além de analisar tendências e inovações no tratamento de dados.

16.5 Vocabulário Controlado para Dicionário de Dados: Um Guia Completo.

Este guia completo explora as vantagens e desafios da implementação de vocabulários controlados no contexto da IA e da ciência da informação. Com uma abordagem detalhada, aborda desde a nomeação de elementos de dados até as interações entre semântica e cognição.

16.6 Curadoria e Administração de Dados para a Era da IA.

Esta obra apresenta estratégias avançadas para transformar dados brutos em insights valiosos, com foco na curadoria meticulosa e administração eficiente dos dados. Além de soluções técnicas, aborda questões éticas e legais, capacitando o leitor a enfrentar os desafios complexos da informação.

16.7 Arquitetura de Informação.

A obra aborda a gestão de dados na era digital, combinando teoria e prática para criar sistemas de IA eficientes e escaláveis, com insights sobre modelagem e desafios éticos e legais.

16.8 Fundamentos: O Essencial para Dominar a Inteligência Artificial.

Uma obra essencial para quem deseja dominar os conceitos-chave da IA, com uma abordagem acessível e exemplos práticos. O livro explora inovações como Machine Learning e Processamento de Linguagem Natural, além dos desafios éticos e legais e oferece uma visão clara do impacto da IA em diversos setores.

16.9 LLMS - Modelos de Linguagem de Grande Escala.

Este guia essencial ajuda a compreender a revolução dos Modelos de Linguagem de Grande Escala (LLMs) na IA.

O livro explora a evolução dos GPTs e as últimas inovações em interação humano-computador, oferecendo insights práticos sobre seu impacto em setores como saúde, educação e finanças.

16.10 Machine Learning: Fundamentos e Avanços.

Este livro oferece uma visão abrangente sobre algoritmos supervisionados e não supervisionados, redes neurais profundas e aprendizado federado. Além de abordar questões de ética e explicabilidade dos modelos.

16.11 Por Dentro das Mentes Sintéticas.

Este livro revela como essas 'mentes sintéticas' estão redefinindo a criatividade, o trabalho e as interações humanas. Esta obra apresenta uma análise detalhada dos desafios e oportunidades proporcionados por essas tecnologias, explorando seu impacto profundo na sociedade.

16.12 A Questão dos Direitos Autorais.

Este livro convida o leitor a explorar o futuro da criatividade em um mundo onde a colaboração entre humanos e máquinas é uma realidade, abordando questões sobre autoria, originalidade e propriedade intelectual na era das IAs generativas.

16.13 1121 Perguntas e Respostas: Do Básico ao Complexo– Parte 1 A 4.

Organizadas em quatro volumes, estas perguntas servem como guias práticos essenciais para dominar os principais conceitos da IA.

A Parte 1 aborda informação, dados, geoprocessamento, a evolução da inteligência artificial, seus marcos históricos e conceitos básicos.

A Parte 2 aprofunda-se em conceitos complexos como aprendizado de máquina, processamento de linguagem natural, visão computacional, robótica e algoritmos de decisão.

A Parte 3 aborda questões como privacidade de dados, automação do trabalho e o impacto de modelos de linguagem de grande escala (LLMs).

Parte 4 explora o papel central dos dados na era da inteligência artificial, aprofundando os fundamentos da IA e suas aplicações em áreas como saúde mental, governo e combate à corrupção.

16.14   O Glossário Definitivo da Inteligência Artificial.

Este glossário apresenta mais de mil conceitos de inteligência artificial explicados de forma clara, abordando temas como Machine Learning, Processamento de Linguagem Natural, Visão Computacional e Ética em IA.

- A parte 1 contempla conceitos iniciados pelas letras de A a D.
- A parte 2 contempla conceitos iniciados pelas letras de E a M.
- A parte 3 contempla conceitos iniciados pelas letras de N a Z.

16.15   Engenharia de Prompt - Volumes 1 a 6.

Esta coleção abrange todos os fundamentos da engenharia de prompt, proporcionando uma base completa para o desenvolvimento profissional.

Com uma rica variedade de prompts para áreas como liderança, marketing digital e tecnologia da informação, oferece exemplos práticos para melhorar a clareza, a tomada de decisões e obter insights valiosos.

Os volumes abordam os seguintes assuntos:

- Volume 1: Fundamentos. Conceitos Estruturadores e História da Engenharia de Prompt.
- Volume 2: Segurança e Privacidade em IA.
- Volume 3: Modelos de Linguagem, Tokenização e Métodos de Treinamento.
- Volume 4: Como Fazer Perguntas Corretas.
- Volume 5: Estudos de Casos e Erros.
- Volume 6: Os Melhores Prompts.

16.16 Guia para ser um Engenheiro De Prompt – Volumes 1 e 2.

A coleção explora os fundamentos avançados e as habilidades necessárias para ser um engenheiro de prompt bem-sucedido, destacando os benefícios, riscos e o papel crítico que essa função desempenha no desenvolvimento da inteligência artificial.

O Volume 1 aborda a elaboração de prompts eficazes, enquanto o Volume 2 é um guia para compreender e aplicar os fundamentos da Engenharia de Prompt.

16.17 Governança de Dados com IA – Volumes 1 a 3.

Descubra como implementar uma governança de dados eficaz com esta coleção abrangente. Oferecendo orientações práticas, esta coleção abrange desde a arquitetura e organização de dados até a proteção e garantia de qualidade, proporcionando uma visão completa para transformar dados em ativos estratégicos.

O volume 1 aborda as práticas e regulações. O volume 2 explora em profundidade os processos, técnicas e melhores práticas para realizar auditorias eficazes em modelos de dados. O volume 3 é seu guia definitivo para implantação da governança de dados com IA.

16.18 Governança de Algoritmos.

Este livro analisa o impacto dos algoritmos na sociedade, explorando seus fundamentos e abordando questões éticas e regulatórias. Aborda transparência, accountability e vieses, com soluções práticas para auditar e monitorar algoritmos em setores como finanças, saúde e educação.

16.19   De Profissional de Ti para Expert em IA: O Guia Definitivo para uma Transição de Carreira Bem-Sucedida.

Para profissionais de Tecnologia da Informação, a transição para a IA representa uma oportunidade única de aprimorar habilidades e contribuir para o desenvolvimento de soluções inovadoras que moldam o futuro.

Neste livro, investigamos os motivos para fazer essa transição, as habilidades essenciais, a melhor trilha de aprendizado e as perspectivas para o futuro do mercado de trabalho em TI.

16.20   Liderança Inteligente com IA: Transforme sua Equipe e Impulsione Resultados.

Este livro revela como a inteligência artificial pode revolucionar a gestão de equipes e maximizar o desempenho organizacional.

Combinando técnicas de liderança tradicionais com insights proporcionados pela IA, como a liderança baseada em análise preditiva, você aprenderá a otimizar processos, tomar decisões mais estratégicas e criar equipes mais eficientes e engajadas.

16.21   Impactos e Transformações: Coleção Completa.

Esta coleção oferece uma análise abrangente e multifacetada das transformações provocadas pela Inteligência Artificial na sociedade contemporânea.

- Volume 1: Desafios e Soluções na Detecção de Textos Gerados por Inteligência Artificial.

- Volume 2: A Era das Bolhas de Filtro. Inteligência Artificial e a Ilusão de Liberdade.
- Volume 3: Criação de Conteúdo com IA - Como Fazer?
- Volume 4: A Singularidade Está Mais Próxima do que Você Imagina.
- Volume 5: Burrice Humana versus Inteligência Artificial.
- Volume 6: A Era da Burrice! Um Culto à Estupidez?
- Volume 7: Autonomia em Movimento: A Revolução dos Veículos Inteligentes.
- Volume 8: Poiesis e Criatividade com IA.
- Volume 9: Dupla perfeita: IA + automação.
- Volume 10: Quem detém o poder dos dados?

16.22 Big Data com IA: Coleção Completa.

A coleção aborda desde os fundamentos tecnológicos e a arquitetura de Big Data até a administração e o glossário de termos técnicos essenciais.

A coleção também discute o futuro da relação da humanidade com o enorme volume de dados gerados nas bases de dados de treinamento em estruturação de Big Data.

- Volume 1: Fundamentos.
- Volume 2: Arquitetura.
- Volume 3: Implementação.
- Volume 4: Administração.
- Volume 5: Temas Essenciais e Definições.
- Volume 6: Data Warehouse, Big Data e IA.

17 Sobre o Autor.

Sou Marcus Pinto, mais conhecido como Prof. Marcão, especialista em tecnologia da informação, arquitetura da informação e inteligência artificial.

Com mais de quatro décadas de atuação e pesquisa dedicadas, construí uma trajetória sólida e reconhecida, sempre focada em tornar o conhecimento técnico acessível e aplicável a todos os que buscam entender e se destacar nesse campo transformador.

Minha experiência abrange consultoria estratégica, educação e autoria, além de uma atuação extensa como analista de arquitetura de informação.

Essa vivência me capacita a oferecer soluções inovadoras e adaptadas às necessidades em constante evolução do mercado tecnológico, antecipando tendências e criando pontes entre o saber técnico e o impacto prático.

Ao longo dos anos, desenvolvi uma expertise abrangente e aprofundada em dados, inteligência artificial e governança da informação – áreas que se tornaram essenciais para a construção de sistemas robustos e seguros, capazes de lidar com o vasto volume de dados que molda o mundo atual.

Minha coleção de livros, disponível na Amazon, reflete essa expertise, abordando temas como Governança de Dados, Big Data e Inteligência Artificial com um enfoque claro em aplicações práticas e visão estratégica.

Autor de mais de 150 livros, investigo o impacto da inteligência artificial em múltiplas esferas, explorando desde suas bases técnicas até as questões éticas que se tornam cada vez mais urgentes com a adoção dessa tecnologia em larga escala.

Em minhas palestras e mentorias, compartilho não apenas o valor da IA, mas também os desafios e responsabilidades que acompanham sua implementação – elementos que considero essenciais para uma adoção ética e consciente.

Acredito que a evolução tecnológica é um caminho inevitável. Meus livros são uma proposta de guia nesse trajeto, oferecendo insights profundos e acessíveis para quem deseja não apenas entender, mas dominar as tecnologias do futuro.

Com um olhar focado na educação e no desenvolvimento humano, convido você a se unir a mim nessa jornada transformadora, explorando as possibilidades e desafios que essa era digital nos reserva.

18 Como Contatar o Prof. Marcão.

18.1 Para palestras, treinamento e mentoria empresarial.

marcao.tecno@gmail.com

18.2 Prof. Marcão, no Linkedin.

https://bit.ly/linkedin_profmarcao

www.ingramcontent.com/pod-product-compliance
Lightning Source LLC
Chambersburg PA
CBHW071255050326
40690CB00011B/2408